Konzepte der Humanwissenschaften

Reinhilt Plinke
Inga
und
Herbert Sell

Erziehung in der Pflegefamilie

Klett–Cotta
Stuttgart

CIP-Kurztitelaufnahme der Deutschen Bibliothek

Plinke, Reinhilt:
Erziehung in der Pflegefamilie / Reinhilt Plinke,
Inga u. Herbert Sell. – 1. Aufl. – Stuttgart :
Klett-Cotta, 1979.
(Konzepte der Humanwissenschaften)
ISBN 3-12-926331-4

NE: Sell, Inga:; Sell, Herbert:

1. Auflage 1979

Verlagsgemeinschaft Ernst Klett – Cotta'sche Buchhandlung Nachfolger GmbH

Satz und Druck: Mühlberger, Augsburg

Inhaltsverzeichnis

Vorwort

Es ist genug über die Misere in deutschen Heimen geschrieben worden; über die finanzielle Beschränkung, das mangelnd vorhandene und ausgebildete Personal, die Not und defizitäre Entwicklung der dort "erzogenen" Kinder und Jugendlichen.

Dagegen findet sich bisher wenig in der Fachliteratur, das Aufschluß geben könnte über die Chancen und Schwierigkeiten der Integration solcher vernachlässigter Kinder in einen neuen Familienverband. Gerade dies scheint uns aber notwendig zu sein, um mögliche und praktikable Alternativen für Heimkinder zu entwickeln.

Wir haben daher einmal versucht, exakt, anschaulich und ehrlich die Prozesse zu beschreiben, die sich im Laufe des ersten Jahres des Zusammenlebens mit einem Pflegekind für die Beteiligten ergeben haben.

Dieser Bericht könnte dazu dienen,

a) künftigen Pflege-, Gast- oder Adoptiveltern Illusionen grundsätzlicher Art zu nehmen,

b) ihnen *einen* gangbaren Weg zwischen emotionaler Zuwendung und rationaler Durchleuchtung im Verlauf der Integration des fremden Kindes aufzuzeigen,

c) eine Diskussion über die Voraussetzungen und Kriterien einer sinnvollen "Nach"-sozialisation verhaltensgestörter Kinder in Gang zu setzen,

d) Mut zu machen zu einem "Typ" von Familie, der mehr ist als privates Refugium und Schoß zur Aufzucht eigener Kinder, sondern sie darüber hinaus selbst in die Lage versetzt, so wichtige gesellschaftliche Aufgaben zu meistern wie das frühzeitige Auffangen von "Heimkarrieren" und das Anbieten eines menschenwürdigen Lebensraumes für fehlentwickelte, weil ungeliebte Kinder.

Reinhilt Plinke
Inga und Herbert Sell

Einleitung

Der Titel unserer Arbeit zeigt schon an, wo die beiden Schwerpunkte liegen: im ersten Teil beschäftigen wir uns mit den typischen Problemen, die in 'Ersatzfamilien'[1] auftreten und zu Konflikten für Eltern und Kind führen können. Diese Schwierigkeiten, die sich in der Unsicherheit der Eltern, in Störungssymptomen der Kinder, in der ablehnend-ambivalenten Haltung der Öffentlichkeit äußern, müssen angegangen werden, wenn die Vermittlung von sog. 'Sozialwaisen' in Pflegefamilien in stabile Beziehungen einmünden, und die Anzahl der gescheiterten Pflegeverhältnisse zurückgehen soll. Einen Weg zur Bewältigung dieser Probleme sehen wir in Pflegeeltern-Gruppen, die als Forum für Gedankenaustausch, pädagogische Diskussionen und gemeinsame Unternehmungen zur Entlastung und Förderung der Pflegefamilien hinführen können. Während Teil A, der auf einer Diplomarbeit basiert,[2] die einschlägige Grundlagenliteratur aufarbeitet und den Versuch einer weiterführenden theoretischen Analyse von spezifischen Konflikten in Pflegefamilien darstellt, liegen dem Teil B der Erfahrungsbericht zweier Praktiker zugrunde, die in Form eines Tagebuchs Auskunft über die anfänglichen Anpassungsschwierigkeiten geben. Dem folgt ein resümierender Überblick zum weiteren Verlauf der Pflegschaft, dem sich Überlegungen zur Beratungspraxis für Ersatzfamilien anschließen.

In unseren Ausführungen ist sehr viel von 'Problemen' und 'Konflikten' der Pflegefamilien die Rede. Das sollte nicht den Blick für die Tatsache versperren, daß es durchaus auch eine Vielzahl gelungener Pflegschaften gibt, und in den Eltern-Kind-Verhältnissen die positiven, schönen und befriedigenden Seiten häufig die größere Rolle spielen. Konflikte sind jedoch ein Ansatzpunkt sozialpädagogischer Arbeit und haben von deshalb hier ein so großes Gewicht bekommen.

---

[1] Unter Ersatzfamilien versteht man Familien, die nicht durch eine biologische Eltern-Kind-Beziehung bestimmt sind, sondern in denen das Kind als Adoptiv- oder Pflegekind angenommen wurde. Wir beschränken uns im Rahmen dieser Arbeit im wesentlichen auf Pflegefamilien.

[2] Es handelt sich um einen Auszug aus der wissenschaftlichen Arbeit für die Diplom-Hauptprüfung in Erziehungswissenschaft an der Eberhard-Karls-Universität, Tübingen von R. Plinke mit dem Titel "Elterngruppenarbeit als Beitrag zur Bewältigung der Konflikte von Pflegefamilien".

Teil A

I. Sozialisationsfeld "Familie"

"Heime sind out – Ersatzfamilien in", so kennzeichnen M. Bonhoeffer und P. Widemann in ihrem Vorwort zu dem Reader 'Kinder in Ersatzfamilien' den gegenwärtigen Diskussionstrend um die Neuaktivierung des Pflegestellenwesens.[1] Gegenüber einer immer mehr in Mißkredit geratenen Heimerziehung werden die Vorzüge der Familienpflege neu hervorgehoben. Gleichzeitig wächst aber die Kritik an einer Jugendhilfepolitik, die unkritisch einem familienideologischen Konzept folgt. Es bleibt zwar trotz positiver Erfahrungen mit Programmen der Gruppenbetreuung unbestrittene Tatsache, daß die Familie in der Phase der Frühsozialisation das günstigste emotionale und soziale Bezugsfeld des Kindes ist. Es bleibt aber auch Tatsache, daß die moderne Kleinfamilie ein potentiell pathogenes Milieu für Kinder darstellt. Der Reformansatz der Jugendhilfe wird als zu kurz gegriffen und leichtfertig kritisiert, weil er an die Ersatzfamilie als Alternative zum Heim "Heilserwartungen" stellt, ohne ihre Strukturschwächen einzukalkulieren.[2]
Das Folgende gilt dem Versuch, die Diskussion um die positiven Möglichkeiten und die Gefahren der kleinfamilialen Erziehung aufeinander zu beziehen und Perspektiven anzudeuten, wie die Familie wirksam gegen ihre immanenten Strukturprobleme geschützt werden kann.

1. Spezifische Potenzen der Familienerziehung

1. 1 Die Bedeutung kontinuierlicher, individueller Betreuung für das Gelingen der Frühsozialisation

Als 'physiologische Frühgeburt'[3] ist der Säugling darauf angewiesen, daß nach der Geburt die körperliche Einheit von einer sozialen 'Zweiheit'[4] zwischen Mutter und Kind abgelöst wird. Spitz spricht aufgrund der Ungleichheit der Partner von einer 'Dyade'.[5] Lediglich fähig, seine Bedürfnisspannung

1 Bonhoeffer, M. und Widemann, P. (Hrsg.), 1974, S. 9
2 Thiersch, H., 1974, S. 98 ff.
3 Portmann, A., 1956, pass.
4 Schmalohr, E., 1968, S. 20
5 Spitz, R. A., 1969, S. 144

durch diffuse Unlustäußerungen wie Schreien, Mimik und Körperbewegung auszudrücken, ist der Säugling völlig davon abhängig, daß die Mutter seine Signale versteht und richtig beantwortet. SPITZ hat in seinen Studien der frühkindlichen Sozialentwicklung der Kommunikation zwischen Mutter und Kind besondere Aufmerksamkeit gewidmet. Er bezeichnet sie als 'Dialog' und betont, wie außerordentlich wichtig das Verstehen des Wesens dieser Kommunikation im vorsprachlichen Alter ist. Der 'Dialog' zwischen Mutter und Kind ist – da die kindliche Psyche noch unstrukturiert ist – ganz auf den sensorischen und emotionalen Erlebnisbereich eingeengt. Der Säugling erfährt seine Umwelt über Wahrnehmungskategorien wie Haut- und Körperkontakt, Wärme, Rhythmus, Gleichgewicht, Blickkontakt, Klangfarbe, Tonhöhe usw.

Ausmaß und Art der Kommunikation des Säuglings mit seiner ersten Pflegeperson haben entscheidenden Einfluß auf die emotionale, soziale und kognitive Entwicklung. Im 'Dialog' lernt der Säugling modellhaft die grundlegenden Muster sozialer Beziehungen.[6] Die Funktionen der ersten Pflegeperson lassen sich folgendermaßen aufschlüsseln. Wichtig ist zunächst, daß der Säugling sich von seiner Pflegeperson angenommen fühlt. Sie muß affektiv bereit sein, sich auf die frühen Gefühls- und Bewußtseinszustände des Kindes einzulassen und seine Bedürfnisse genau zu erfassen. Der Säugling 'versteht' unmittelbar die Gefühlshaltung, mit der sich seine Pflegeperson ihm zuwendet, und spiegelt sie in seinem körperlichen Befinden wider. Den Tatbestand, daß sich Säuglinge mit der emotionalen Gespanntheit ihrer Mutter identifizieren, belegen Beobachtungen von SPITZ, die er als 'psychotoxische Störungen' oder 'entgleister Dialog' kategorisiert. Zum Beispiel kann eine primäre unverhüllte Ablehnung des Kindes durch die Mutter einen komaähnlichen Schockzustand oder ängstlich übertriebene Besorgnis, der eine unbewußte Feindseligkeit zugrundeliegt, Ekzeme beim Säugling hervorrufen. Die Mütter dieser Kleinkinder sind nach SPITZ' Interpretation aufgrund ihrer Vorerfahrungen, insbesondere aufgrund ihrer Stellung zu der eigenen Mutter, nicht fähig, sich angstfrei auf die frühe Kommunikation mit ihrem Kind einzulassen und sich mit ihm 'eins zu fühlen'.[7] Die Symptomatik emotional unzureichend versorgter Säuglinge unterstreicht die Bedeutung des affektiven Klimas im Pflegeverhältnis und entkräftigt einseitige Thesen, daß sich mütterliche Zuwendung durch frühe unpersönliche Reizpraktiken ersetzen läßt.[8]

Neben der positiven Gefühlszuwendung braucht der Säugling 'stabile Erfah-

---

6 DERS., S. 146–158

7 DERS., S. 221 f.

8 Zu der These: Adäquate sensorische Reizung macht individuelle Mutter-Kind-Bindung überflüssig – vgl. CASLER, L., 1968, S. 573–626 LEHR, U., 1970, S. 735–777

rungsmuster'.[9] Nur auf der Erlebnisgrundlage gleichbleibender körperlicher Fürsorge und gleichbleibender Zuwendung entwickelt der Säugling 'Urvertrauen', das Erikson mit dem "Gefühl des Sich-Verlassen-Dürfens" auf andere und auf sich selbst umschreibt und zur Grundlage der Bindungs- und Liebesfähigkeit und des Identitätsgefühls des Kindes erklärt.[10] Erlebt der Säugling dagegen häufig, daß seine Bedürfnisspannung nicht durch einen entsprechenden 'Dialog' aufgefangen wird, so bilden sich eine angsterfüllte Grundstimmung und eine resignative Erwartungshaltung heraus, die – kontingent verstärkt – zu schwerem Pessimismus und zu passivem Rückzug von der Umwelt führen, wie vor allem die Forschungen von Spitz über 'anaklitische Depression' und 'Hospitalismus' gezeigt haben.[11] Die klinische Forschung erkennt in frühen Kommunikationsstörungen zwischen Mutter und Kind mögliche Ursachen für spätere autistische und psychotische Störungen.[12]

Beständigkeit und Regelmäßigkeit der sozialen Beziehung ist auch die Voraussetzung dafür, daß der Säugling eine individuelle Gefühlsbindung zu seiner Pflegeperson aufbauen kann. Nur der identische Bezug, die stabile, immer aufs Neue erlebbare Zuwendung der Pflegeperson, wecken diese Fähigkeit. Während der ersten Lebensmonate, die Spitz als die 'objektlose Phase' kennzeichnet, hat der Säugling eine überwiegend anonyme, materialistische Beziehung zur Mutter. Mit dem ersten Lächeln in der fünften oder sechsten Lebenswoche reagiert er zwar bewußt aktiv auf die Zuwendung der Mutter, der Kontakt gilt aber noch nicht der individuell erlebten Mutter. Das Lächeln des Säuglings wird in diesem Entwicklungsstadium durch ein bestimmtes optisches Schema ausgelöst. In dieser Zeit ist die Mutter auch noch relativ leicht in der Pflege vertretbar. Nach einer Trennung von ihr stellen sich lediglich verlängerte Einschlafzeiten und Unregelmäßigkeiten in der Verdauung beim Kind ein.Die 'Objektphase' beginnt in der *zweiten Hälfte des ersten Lebensjahres.* Der Säugling ist jetzt in der Lage, die Mutter als identisch bleibende, individuelle Person wahrzunehmen. Die Beziehung zu ihr wird immer unabhängiger von der Nahrungsbefriedigung, das Kind beginnt die Mutter um ihrer selbst willen zu lieben.[13] Auf eine Trennung von der Mutter reagiert es mit ganz deutlichen Verlassenheitssymptomen, wie sie-Bowlby in der dreiteiligen Sequenz von Protest, Verzweiflung und Gleich-

---

9 Escalona, S. K.: The Roots of Individuality, Chicago 1968 zit. in: Müller–Braunschweig, H., 1975, S. 35

10 Erikson, E. H., 1975, S. 19

11 Spitz, R. A., a. a. O., S. 279–289

12 Dührssen, A., 1962, S. 81

13 Burlingham, D. und Freud, A., 1949, S. 47 f.

gültigkeit bzw. Abkehr beschrieben hat.[14] In der ersten Phase wehrt sich das Kind mit Schreien, aktivem Protest und aggressivem Verhalten gegen ein Getrenntsein von der Mutter. In der Phase der Verzweiflung gerät es zunehmend in Kummer und Trauer und in der Gleichgültigkeitsphase zeigt es sich desinteressiert und feindselig gegenüber seinen Bezugspersonen. In Heimen finden sich viele dieser gleichgültigen Kinder.

Um die genetisch angelegten kognitiven, motorischen und emotionalen Fähigkeiten entwickeln zu können, braucht der Säugling neben einer sicherheitsgebenden Bezugsperson auch ein variables Reizangebot. Lerntheoretisch orientierte Forscher sehen in der Mutter oder einer ständigen Pflegeperson die Vermittlerin 'spezifischer, empfindungswarmer Reize' und werten sie als am besten verfügbares 'Umweltinformationssystem' für den Säugling. Ihre Beschäftigung mit dem Kind ist der entscheidende Stimulus für seine intellektuelle, affektive und körperliche Entwicklung.[15]

Im ersten Entwicklungsstadium hat der Säugling noch das Empfinden, mit dem Körper der Mutter eins zu sein. Außen und Innen, der eigene Körper und die Umwelt sind noch nicht unterschieden. Der zärtliche Hautkontakt, die taktilen Reize beim Füttern und Wickeln sowie das Gesicht der Mutter mit seinem ständig wechselnden mimischen Ausdruck vermitteln dem Säugling Eindrücke außerhalb seines Selbst; er lernt so allmählich zwischen seinem 'Ich' und dem Objekt 'Mutter' zu differenzieren.[16] Kinder, denen diese Reize vorenthalten werden, beginnen häufig mit dem Kopf zu schlagen oder mit dem ganzen Körper zu schaukeln. Dieses Verhalten kann als ein Versuch des Kindes angesehen werden, durch Eigenstimulation sich dieses Körpergefühl 'ich bin' selbst zu vermitteln.[17]

GERWITZ betont die verstärkende Funktion der ersten Bezugsperson des Kindes. Die Kontaktbemühungen des Säuglings (Weinen, Lächeln, Lallen) werden von der Mutter zurückgespielt. Das Kind lernt die Emotionen und Verhaltensweisen, die von der affektiv bedeutsamen Person Mutter beantwortet und belohnt werden.[18] DÜHRSSEN weist in ihrer Analyse psychogener Erkrankungen bei Kindern und Jugendlichen darauf hin, daß das Verhältnis des Säuglings zu seiner persönlichen und dinglichen Umwelt stark gestört ist, wenn die erste aktive Zuwendung des Kindes emotional unbelohnt bleibt. Die Welt verliert dann für das Kind an 'Aufforderungscharakter'.

---

[14] BOWLBY, J., 1961, S. 217

[15] PECHSTEIN, J.: Die frühkindliche Entwicklung . . ., 1972, S. 44

[16] SCHMALOHR, E., a. a. O., S. 162

[17] DESPERT, J. L., 1970, S. 160

[18] GERWITZ, J. L.: A learning analysis of the effects of normal stimulation, privation and deprivation on the acquisition of social motivation and attachment, in: FOSS, B. B. (ED.): Determinants of infant behavior, London (Methuen) 1961 zit. in: MOOG, W. und MOOG, E. S., 1972, S. 63

"Es entstehen die 'gemütlosen', die im schizoiden Sinn scheinbar uneinfühlbar kontaktschwierigen Kinder, und es entstehen die in ihrer Gesamtstimmungslage immer herabgedrückten, beeinträchtigten, unter Umständen in schweren Fällen zu schwer depressiv verstimmter Antriebslahmheit gedrosselten Kinder."[19]

Nach empirischen Daten erstreckt sich die Abhängigkeit des Kindes von der Mutter über den gesamten Zeitraum der ersten drei Lebensjahre. Erst mit der biologisch begründeten Fähigkeit des Kindes, die fremde Umgebung zunehmend selbständig zu erkunden und mit seiner wachsenden Fähigkeit, Personen "vorstellungsmäßig zu repräsentieren, so daß das internalisierte Bild die Sicherheit gibt, die vorher nur die leibliche Anwesenheit geben konnte",[20] wird das Kind bereit, sich aus der engen Mutter-Kind-Bindung zu lösen. Mit der neu gewonnenen Fähigkeit, sich fortzubewegen und der zunehmenden Beherrschung der eigenen Körperfunktionen verändert sich das Verhältnis des Kindes zur Mutter. Es ist nicht mehr passiv auf die Zuwendung seiner Umwelt angewiesen, sondern in der Lage, durch eigenes Handeln Ziele zu erreichen. Das gilt besonders für die Beherrschung der Schließmuskeln. Das Kind erlebt, daß das Zurückhalten und Loslassen seiner Exkremente jeweils die Einstellung der Mutter zu ihm zu verändern vermögen und sowohl zu verstärkter Liebeszuwendung als auch zu Konflikten mit der Mutter führen können. Damit wird die Beziehung zur Mutter in gewisser Weise manipulierbar für das Kind. Dieses neu erworbene Gefühl der Macht begründet entscheidend das Selbstbewußtsein und Selbstwertgefühl des Kindes.[21] Die Ausbildung des kindlichen Autonomiegefühls – als eine Art Kontrapunkt zur früheren Dependenz – setzt aber "frühe geglückte Interaktionsformen zwischen Mutter und Kind" und ein "verinnerlichtes Sicherheitsgefühl" voraus.[22] Das Kind muß sich sicher fühlen, daß seine Verselbständigkeitsversuche und sein Widerspruch nicht grundsätzlich die Liebesbeziehungen zu der Mutter gefährden.

In diesen Entwicklungsabschnitt fällt auch der Beginn der ödipalen Krise mit dem Wechselspiel von Liebes- und Haßregungen gegen die Eltern. Eine längerfristige Trennung des Kindes von seinen Eltern oder eine außerfamiliäre Unterbringung in dieser Entwicklungsphase, in der das Kind beginnt, gegen die elterliche Autorität zu opponieren, hat traumatische Folgen. A. FREUD und D. BURLINGHAM zeigen auf, daß das Kind die Trennung schuldhaft – als Folge seiner Haßgefühle – erlebt, weil es in dieser Zeit noch an die Allmacht seiner Gedanken glaubt.

---

[19] DÜHRSSEN, A., a. a. O., S. 217
[20] SCHMALOHR, E., 1975, S. 217
[21] WEITSCH, D., 1972, S. 17 f.
[22] MÜLLER-BRAUNSCHWEIG, H., a. a. O., S. 53

"Das Kind ist unsicher, wieviel seine eigenen bösen Wünsche zu diesem Ausgang beigetragen haben, und fühlt sich durch ihr (der Eltern) Wegbleiben bestraft. Unter dem Druck der Schuldgefühle steigert sich seine Liebesbindung an die Eltern ins Ungemessene. Die dadurch erzeugte intensive Sehnsucht ergibt den bei Kindern so häufigen Zustand von unerträglichem Heimweh."[23]

In einer solchen affektiven Belastungssituation regredieren Kinder häufig in das frühkindliche Stadium der engen Anlehnung und Bindung an die Mutter – aus dem Bedürfnis heraus, sich dort wieder innerlich anzusiedeln, wo es sich existenzfähig erlebte. Symptome der Regression sind Ängstlichkeit, Einnässen, Rückfall in die Babysprache und Iactationen.[24]
HASSENSTEIN versucht die spezifische Gefährdung der Entwicklung des Kindes zur personalen Selbständigkeit durch frühkindliche Bindungsunsicherheit von der verhaltensbiologischen Seite her aufzuzeigen. Er betont, daß sich der gesamte Verhaltensbereich des aktiven Erfahrungserwerbs (Erkunden, Wißbegierde, Spielen, Nachahmen und schöpferisches Erfinden) nur in einem angstfreien Beziehungsfeld erlernen läßt. Angstfrei ist das Kind aber nur dann, wenn es seine Hauptbindungspartner, die Eltern, in der Nähe weiß. Durch den Verlust seiner ersten Bezugspersonen oder durch fortdauernde Wechselbetreuung "nistet sich allgemeine Unsicherheit und Ängstlichkeit ein." Ausfälle in der Lern- und Konzentrationsfähigkeit und mangelnde soziale Selbstsicherheit sind die Spätfolgen dieser Grundangst des Kindes.[25]Erst nach Abschluß dieser Phase ist das Kind im eigentlichen Sinne gemeinschaftsfähig.

1.2 Die Familienpflege – eine geeignete Alternative zum Heim?

Die biopsychischen Entwicklungsdaten zeigen auf, daß besonders im Kleinkindalter zur Entwicklung der Persönlichkeit, insbesondere der Beziehungs- und Erlebnisfähigkeit, ein Sozialisationsmilieu benötigt wird, das emotionell betonte, persönliche und stabile Beziehungen bietet. In der Sicherheit gewährenden Kontinuität der Beziehungen liegen die besonderen Chancen der Familienerziehung. Nach Ansicht vieler Autoren läßt sich eine stetige, intensive und gefühlswarme Beziehung zum Kind nur in einem familiären Bezugssystem optimal verwirklichen, das Heim als Familienersatz kann die sozialen Bedürfnisse des Kindes nicht oder nur sehr unzureichend erfüllen.
Einen radikalen Standpunkt in der Auseinandersetzung "Heim – Familie" bezieht LAZARUS in seinen 'Thesen zur Kriminalisierung im Kinderheim'. Für

---

23 FREUD, A. und BURLINGHAM, D., 1971, S. 55
24 Unterbringung von Kindern und Jugendlichen . . ., 1967, S. 40 f.
25 HASSENSTEIN, B., 1975, S. 2 ff.

ihn ist das Heim aufgrund seiner strukturellen Voraussetzungen ein defizienter Lebensraum schlechthin, der Kinder und Jugendliche zu delinquenten und psychopathischen Charakteren erzieht. LAZARUS begründet die kriminalisierende Wirkung der Heimerziehung mit der Psychoanalyse des Kindes. Seiner Ansicht nach versagt Heimerziehung in zwei für die Ich-Entwicklung des Kindes zentralen Bereichen: im Prozeß der emotionalen Fundierung und im Prozeß der Identifikation und Gewissensbildung.

Seine Thesen lassen sich verkürzt folgendermaßen wiedergeben:

- Heimerziehung "mit ihrem strukturell verankerten Wechsel der Bezugspersonen" bietet dem Säugling nicht das Maß an konstanter affektiver Zuwendung, das für die Entwicklung von 'Urvertrauen' und für die Objektfindung notwendig ist. Die Unfähigkeit, stabil-emotionale Beziehungen zu anderen Menschen aufzubauen, die Neigung zu gefühlsmäßiger Sprunghaftigkeit und Oberflächlichkeit, die bei dissozialen Jugendlichen und Kindern häufig zu beobachten sind, ist die Folge davon, daß das Kleinkind im Heim immer wieder in seinem sozialen Bedürfnis nach Liebesabhängigkeit enttäuscht wird.
- Mit dem Fehlen einer sicheren, emotional bedeutsamen Bezugsperson fehlt dem Kind auch das "existentielle Motiv zur Identifikation" (psychischen Einverleibung des geliebten Objekts). Es kommt nicht zu einer Verinnerlichung von erzieherischen Forderungen und Normen, die nur dort geschieht, wo Gefühlsbindungen stark und andauernd sind. Damit ist der Aufbau einer internen Kontrollinstanz (Gewissen), die das Kind zu autonomer Verhaltenssteuerung befähigt, blockiert. Das Verhalten des Kindes bleibt "triebgesteuert und asozial".[26]

LAZARUS' Anschuldigungen sind in der Schwerlastigkeit der Anklage sehr ernst zu nehmen. Zahlreiche empirische Untersuchungen der Heimsituation in der BRD beweisen die Berechtigung dieser prinzipiellen Skepsis. So kommt die Landesarbeitsgemeinschaft für Erziehungsberatung im Saarland in ihrer Bestandsaufnahme zu dem deprimierenden Ergebnis, daß in 60 % der saarländischen Heime psychisch gestörte Kinder angetroffen wurden, die dringend einer psychotherapeutischen oder psychagogischen Behandlung bedürfen. Als ursächliche Faktoren werden fehlendes Fachpersonal und zu große Gruppen genannt.[27] PECHSTEIN warnt aufgrund einer Untersuchung von vierzig Säuglings- und Kleinkinderheimen vor dem optimistischen Glauben, im Zuge der Heimreform habe sich der Massenpflegecharakter der heutigen Institutionen verloren.[28] Neuere Entwicklungen in Berlin lassen sogar den Schluß zu, daß nach anfänglicher Pädagogisierung der Heime jetzt wieder eine rückläufige Tendenz einsetzt. Aus Einsparungsgründen entstehen

---

26 LAZARUS, H., 1973, S. 312–317
27 Int. Ges. für Heimerziehung (Hrsg.), 1974, S. 48
28 PECHSTEIN, J.: Das junge Kind . . ., 1972, S. 23

dort neue Massenheime, und kleine, differenzierte Einrichtungen werden geschlossen.[29] So bleibt zu befürchten, daß Bilder, wie sie MEHRINGER aus einem Säuglings- und Kleinkinderheim schildert, noch lange grausame Realität bleiben: Säuglinge, die serienmäßig gefüttert und gewickelt werden; Zweijährige, die bis zu einer Stunde auf dem Topf sitzen und durch Holzverschläge daran gehindert werden, durch das Zimmer zu rutschen; Kinder, die bereits das klassische Hospitalismussyndrom des stereotypen Kopfkreisens oder -schlagens aufweisen.[30]

Trotz dieser desolaten Situation der Heimerziehung ist der Forderung von LAZARUS, "Pflegeschäden und Fürsorgemängel in Heimen . . ., als wesentliches Attribut jeglicher Heimerziehung anzuerkennen" und "(Kinder) aus ihren Heimen (zu) holen und sie in den Primärgruppen aufwachsen (zu) lassen, die die höchsten Sozialisationschancen bieten . . .",[31] in dieser pauschalen Form nicht zuzustimmen, weil sie sowohl die Wirklichkeit „Heim" wie die Wirklichkeit „Familie" auf gefährliche Weise verkürzt. Ein undifferenzierter Vergleich von Heim und Familie ist nicht nur methodologisch anfechtbar, wie U. LEHR[32] zu beweisen sucht, sondern negiert auch die spezifischen pädagogischen Chancen einer qualifizierten Heimerziehung. Das Heim – gemeint ist nicht die Massenpflegeanstalt und auch nicht das Heim, "das sich ohne gezieltes pädagogisches Programm mit der familienersetzenden Funktion"[33] begnügt, sondern das sozialpädagogische oder das heiltherapeutische Heim – stellt einen eigenen pädagogischen 'Schonraum'[34] dar, der sich nicht ohne weiteres durch Familienpflege ersetzen, sondern lediglich ergänzen läßt. In sozialpädagogischen oder therapeutischen Heimen finden Kinder Aufnahme, die ein Sozialisationsmilieu benötigen, das sich vom emotionalen Klima und den psychischen Bindungen in einer Familie möglichst weitgehend unterscheidet. Eine vorzeitige Plazierung solcher Kinder in eine Pflegefamilie würde nur eine Wiederholung und Aktualisierung der traumatischen Erfahrungen der Kinder in ihrer Herkunftsfamilie bedeuten. In diesen Heimen werden auch Kinder aufgenommen, die bereits so massive Verhaltensstörungen zeigen, daß sie die ständige Betreuung eines Fachteams benötigen und für einen 'normalen' Familienbetrieb gar nicht tragbar sind.[35]

Eine pauschale Gegenüberstellung von Heim und Familie verleitet auch dazu,

---

[29] Initiativgruppe gegen die Schließung kleiner Heime (Hrsg.): Der Senat plant und plant. Flugblatt, ausgeteilt auf dem Kongreß für Int. Heimerziehung 'Kinder in Ersatzfamilien', Berlin vom 12.–14. Nov. 1975

[30] MEHRINGER, A., 1967, S. 20 f.

[31] LAZARUS, L., a. a. O., S. 317

[32] LEHR, U., 1974, S. 20–36

[33] WENDT, R.: Entwicklungen in der Familienpflege, 1974, S. 122

[34] THIERSCH, H., 1973, S. 57

[35] WÖRDEHOFF, B., 1975, S. 230

die erzieherische Qualität der Familie zu idealisieren und die Stabilität und Tragfähigkeit der familiären Beziehungen überzubewerten. Die Plädoyers, die für eine Privatisierung der Fremderziehung gehalten werden, leiden zum Teil darunter, daß intimgruppenhaftes Zusammenleben in der Familie zu sehr unter Aspekten der Liebe, Sympathie, der Solidarität und der gegenseitigen Hilfe betrachtet wird. Es hat den Anschein, daß der Familie bereits aufgrund ihrer strukturellen Merkmale als Kleingruppe und Lebensgemeinschaft Funktionstüchtigkeit bescheinigt wird. So scheint die gegenwärtige Familie als intime Kleinstgruppe mit der hohen Dichte und Intensität ihrer Binnenbeziehungen in besonderem Maße geeignet,

"in ihrem Erziehungsklima 'Wärme' zu erzeugen, d. h. akzeptierendes, gefühlsbetontes Verhalten, eine kindzugewandte Einstellung und eine positive Haltung gegenüber Abhängigkeitsverhalten zu entwickeln."[36]

Die Familie scheint auch den Bedürfnissen von Kindern nach Stabilität und Dauerhaftigkeit der Beziehungen am besten zu entsprechen, Bedürfnissen, denen das Heim als "a priori vorläufige Gemeinschaft"[37] prinzipiell nicht genügen kann.

Die Stellungnahmen für die Familienpflege als Alternative zur 'Misere der Heimerziehung' vernachlässigen aber, daß auch Kinder Hospitalismus- und Deprivationsschäden zeigen, ohne je ihre Familie verlassen zu haben,[38] und daß die hohe Kommunikationsdichte in der Familie die Gefahr totalitärer Beziehungsmuster und emotionaler Überbeanspruchung ihrer Mitglieder mit sich bringt. Blandow bemängelt in diesem Zusammenhang, daß die Pflegefamilie – im Gegensatz zum Heim – noch nicht in ausreichendem Maße als eigener deprivationsgefährdeter Lebensraum problematisiert worden ist, was sich angesichts der hohen Quote gescheiterter Pflegeverhältnisse kaum rechtfertigen läßt. Nach seinen statistischen Ermittlungen bleibt nur jedes dritte Kind fünf Jahre in der Pflegefamilie, "für jedes zehnte Kind ist das Pflegeverhältnis nur ein kurzes Intermezzo seines Lebensweges".[39] Eine ähnlich hohe Abbruchsquote registriert Six. Von sechsundzwanzig Pflegeverhältnissen, die sie im Rahmen ihrer erziehungsberaterischen Tätigkeit betreute, scheiterten sechzehn.[40] Thiersch kritisiert, daß die gegenwärtige Diskussion um die Pflegefamilie einem vorwiegend pragmatischen Interesse der Jugendhilfe folgt und die strukturell bedingten Sozialisationsschwächen und immanenten Gefahren der Institution Familie nicht mitreflektiert. Er fordert die Kon-

[36] Cyprian, G. und Wurzbacher, G., 1975, S. 324
[37] Bonhoeffer, M., 1973, S. 324
[38] Schmalohr, E., 1975, S. 226
[39] Blandow, J.: Erfolg oder Nichterfolg? Zur Verlaufsanalyse . . ., 1972, S. 189–198
[40] Six, M., 1964, S. 51–56

struktivwendung dieser Mängel in einer neuen Konzeption der Familienpflege.

"Die Leistung der Pflegestellen muß abgesichert werden gegen die in der Kritik an der Kleinfamilie deutlich gewordenen Strukturmerkmale: gegen die hierarchisch bestimmten, traditionellen, ungleichen Rollenverteilungen zwischen Mann, Frau, Kindern, gegen die Überbewertung der wenigen intimen, in sich abgekapselten Binnenbeziehungen, gegen die isolierende Trennung von Innenwelt der Familie und gesellschaftlichem Außenraum, gegen die Überlastung der Kinder und Heranwachsenden in diesem Raum (Projektionen, Überbeanspruchung); abgesichert gegenüber den – allgemeiner formuliert – zugleich disziplinierenden, einengenden, angesichts der öffentlichen Schwierigkeiten hilflosen, privatistischen Verhaltensformen, wie sie die derzeitige Herrschaftsstruktur der 'inauthentischen' Klassengesellschaft stützen."[41]

2. Schwächen und Gefahren der Sozialisation in einer Kleinfamilie

Untersuchungen der Familiensoziologie zufolge ist Familie "ein auf Konflikt angelegtes Handlungssystem".[42] Das affektive und organisatorische Gleichgewicht der Familie ist deshalb in hohem Maße belastet und störbar. Die Ursachen dieser familiären Labilisierung sind im Zusammenhang mit den ökonomischen und sozialen Anforderungen einer hochtechnisierten Leistungsgesellschaft zu sehen, denen sich Familienerziehung und -leben weitgehend nicht mehr gewachsen zeigt, und mit der zunehmenden 'Desintegration'[43] der Familie aus der Gesellschaft.
Die Großfamilie der vorindustriellen Zeit war Produktions-, Konsumtions- und Versorgungsverband in einem. Sie war soziale Grundform und individueller Rückhalt und vermittelte dem einzelnen sowohl innerhalb der Familie wie im Außenbereich Sicherheit. Die lebensnotwendigen Fähigkeiten erlernten sich in täglicher Gewöhnung im Gesamtzusammenhang der arbeitsteilig organisierten Mehr-Generationen-Familie. Der Zusammenhalt war durch das konkrete Interesse der Lebenserhaltung durch Arbeit aller Mitglieder gegeben. Das Prinzip der Arbeitsteilung in der Industriegesellschaft, die rigorose Trennung von beruflicher und familiärer Existenz, hob nicht nur die Produktionseinheit auf und zwang die Familie, zentrale Erziehungs- und Versorgungsaufgaben an spezialisierte, außerfamiliäre Institutionen abzugeben, sondern veränderte auch die innersten Beziehungen der Familienmitglieder untereinander.[44]

---

41 THIERSCH, H., 1974, S. 99 f.
42 CLAESSENS, D. und MENNE, F. W., 1973, S. 321
43 KÖNIG, R., 1965, pass.
44 NEUNAMM-SCHÖNWETTER, M., 1973, S. 18 ff.

2. 1 Überintimität

Die heutige solidarische Verbundenheit in der Kleinfamilie gründet sich nach CLAESSENS und MENNE mehr auf dem gemeinsamen Bedürfnis nach

> "Sympathie (differenziert als uneigennützige, individuelle Hilfe, liebende Zuwendung, verständnisvolle Entlastung vom Leistungsdruck, Zärtlichkeit, Geborgenheit)."[45]

Der moderne Arbeitsprozeß entfremdet und führt zu Verengungen des Gefühlslebens. Die Erfahrungen einer auf persönlichen Beziehungen beruhenden Identität lassen sich im wesentlichen nur noch im privaten Raum der Familie machen. Desgleichen lassen sich psychische Spannungen und Enttäuschungen am Arbeitsplatz nur noch in der sozial risikolosen Intimsphäre Familie abreagieren. Mit der Trennung vom Produktionsprozeß hat sich die Familie allmählich zum 'Gegenmilieu' der Warenbeziehungen, dem Konkurrenzkampf, Leistungsdruck und der Fremdbestimmung im außerfamiliären Leben entwickelt.[46] Die Liebes- und Sympathiebindungen innerhalb der Familie können ein Gegengewicht zu der spezialisierten, organisierten und bürokratischen Gesellschaft sein und gegen funktionales Angepaßtsein an gesellschaftliche Zwänge immunisieren.[47] In dem Maße aber, wie die Familie gesellschaftlich bedingte Konflikte auffangen, verschlissene Arbeitskraft reparieren und beschädigte Identität heilen muß, ist das familiäre Gleichgewicht bedroht und wird sie krisenanfällig. Die intimen Beziehungen erhalten einen "zwanghaften Kompensationscharakter", und die Gefahr der Überabhängigkeit der Partner und der Überstrapazierung ihrer emotionalen Bindungen ist gegeben.[48] HAENSCH u. a. sehen in den affektiv hoch besetzten Erwartungen ein wesentliches instabiles Moment einer Ehe. Jedes Versagen und jede Enttäuschung durch den Partner bringt ein hohes Maß an Verunsicherung und sozialer Überlastung mit sich.[49]

Zusätzliche Instabilität droht der Familie durch ein – zumindest im soziokulturellen Bewußtsein der Öffentlichkeit – fast konstant gebliebenes, traditionsgebundenes Rollenverhältnis zwischen Mann und Frau, das ihnen eng abgegrenzte, zum Teil gegensätzliche Verhaltensmuster aufzwingt. Der Mann hat für den Familienunterhalt zu sorgen. Den größten Teil des Tages beruflich außer Haus, ist er nicht eigentlich mehr integriert in die Familie. Die erzieherischen Kontakte zwischen ihm und den Kindern sind gering.[50] Der Vater ist

---

45 CLAESSENS, D. und MENNE, F. W., a. a. O., S. 330
46 NEUMANN-SCHÖNWETTER, M., a. a. O., S. 21
47 NEIDHARDT, F., 1971, S. 69
48 NEUMANN-SCHÖNWETTER, M., a. a. O., S. 21
49 HAENSCH, D., KOSCHORKE, M., MACHENSEN, R., TSCHOEPE, A. u. ULSHOEFFER, H., 1972, S. 55
50 Bundesarbeitsgemeinschaft ev. Frauen – Bildungsstätten (Hrsg.), o. J., S. 13

nur noch virtuell in der Familie anwesend, er ist als Vorbild und als Autorität 'unsichtbar' geworden.[51] In den meisten Fällen liegt die Kindererziehung bei der Frau, was eine starke Bindung des Kindes an die Mutter und eine starke Prägung durch sie zur Folge hat. Wie HORKHEIMER und Mitarbeiter betonen, bleibt der Einfluß des Vaters in der Familie trotz dieser Schwächung der Vater-Autorität wirksam. Die Macht des Vaters bleibt durch die Trennung von Arbeitsplatz und Familie auch dann erhalten, wenn der Vater im gesellschaftlichen Leben keine Macht besitzt.[52] Aus psychiatrischer und psychologischer Sicht verlagert sich das väterliche Bedürfnis nach Einfluß und Ansehen, das unter modernen Arbeitsverhältnissen nicht befriedigt wird, in den innerfamiliären Bereich.[53] Der Vater erlebt sich als Funktionär, "abhängig von bürokratisch geregelten Abläufen und gegenüber der Sphäre der Gesellschaft nicht weniger hilflos als seine Kinder."[54]

Die Macht, die der Vater in der Familie ausübt, ist häufig eine unbewußte Kaschierung und Kompensierung dieser aufgezwungenen Schwäche. Im Gefühl der Macht, in der erzwungenen Autorität in der Familie, findet mancher soziologisch schwache Vater den Ausgleich für die Insuffizienzgefühle, die ihm aus seinem frustrierenden Berufsleben erwachsen. Der Kompetenzverlust des Vaters und die Konflikte, die er mit sich bringt, belasten das affektive Klima der Familie. Besonders gefährdet sind die Vater-Kind-Beziehungen, wenn sich der soziale Ehrgeiz auf das Kind konzentriert. RICHTER deutet die heute so häufig anzutreffende Einstellung von Eltern, im Kind ein 'Instrument familialen Prestiges' zu sehen, als ein auf das Kind umgeleitetes Bedürfnis, väterliche Ambitionen auszuleben und sich für Mißerfolge zu entschädigen. Das Kind wird sozusagen als "positive Fortsetzung des eigenen Selbst" erlebt und soll stellvertretend die Ziele erreichen, die der Vater verfehlt hat.[55]

Ist die Mutter berufstätig, so leidet sie ebenso wie die sog. 'Nur-Hausfrau' unter den in unserer Gesellschaft bestehenden, widersprüchlichen Rollenvorschriften für die Frau. Einerseits wird unter dem Stichwort 'Emanzipation' die selbstbewußte, finanziell unabhängige Frau, die sich und ihre Fähigkeiten in einem Beruf verwirklicht und mit der Doppelbelastung von Erwerbsarbeit und Familie fertig wird, als neues Leitbild vorgestellt. Andererseits wird die 'wahre' Bestimmung der Frau nach wie vor in der Hausfrau- und Mutterrolle gesehen. Entscheidet sich eine Mutter dennoch für die Wiederaufnahme ihres früher ausgeübten Berufes, so steht sie unter einem starken moralischen

---

51 SCHARMANN, D. und SCHARMANN, Th., 1975, S. 307
52 HORKHEIMER, M. et al., 1936, S. 58
53 RICHTER, H. E., 1963, S. 65
54 HORN, K., 1967, S. 21
55 RICHTER, H. E., a. a. O., S. 65

Druck. Die Enttäuschungen und Spannungen, die die Unfreiheit der Wahl und die erzwungene Nicht-Berufstätigkeit der Frau mit sich bringen können, liefern einen Beitrag zum Problem Familie.[56]
In der Gegenwart zeichnen sich aber zunehmend emanzipatorische Entwicklungen ab, daß die vorwiegende Autorität des Vaters als Alleinverdiener zugunsten eines ausgeglicheneren, partnerschaftlich-orientierten Verhältnisses zwischen Mann und Frau abgebaut wird – und zwar durchgängig für alle Schichten. Männer zeigen ein wachsendes Interesse und Verantwortungsgefühl für den Haushaltsbereich und für die Kindererziehung und ein größeres Verständnis für den Wunsch der Frau, weiterhin berufstätig zu sein. GAMM gibt in diesem Zusammenhang sogar eine recht optimistische Prognose ab:

"Möglicherweise sprechen sich die jungen Partner hinfort ab, wer von ihnen die soziale Rolle der Frau, wer die des Mannes spielen soll, und übertragen den Gelderwerb im Rahmen üblicher Arbeitsteilung demjenigen, dessen Qualifikationen finanzwirksamer sind."[57]

Die Erziehung in einer gespannten Familienatmosphäre ist von der psychotherapeutischen Familienforschung (RICHTER) und der klinischen Soziologie (BATESON, WYNNE, LIDZ, JACKSON u. a.) untersucht worden. Nach Auffassung dieser Forschungsr ichtungen ist die familiäre Erziehung unlösbar an den Status und die Kompetenzen der Erwachsenen gebunden, an die Interaktionsmuster und Erwartungshaltungen, die sie unter dem Druck ihrer persönlichen und gesellschaftlichen Konflikte entwickeln und an das Kind weitergeben. Das Kind wird häufig dazu mißbraucht, die Beziehungs- und Identitätskonflikte der Eltern auszugleichen und sie von ihrer Konfliktspannung zu entlasten.[58]

Dazu RICHTER:

"Je mehr Eltern unter dem Druck eigener ungelöster Konflikte leiden, um so eher pflegen sie – wenn auch unbewußt – danach zu streben, dem Kind eine Rolle vorzuschreiben, die vorzugsweise ihrer eigenen Konfliktentlastung dient. Ohne sich darüber recht klar zu sein, belasten sie das Kind mit den unbewältigten Problemen ihres Lebens und hoffen, sich mit seiner Hilfe ihr Los zu erleichtern . . ."[59]

RICHTER gebraucht den Begriff der Rolle im psychoanalytischen Sinn und definiert Rolle als das "unstrukturierte Gesamt der unbewußten und bewußten Erwartungen, die die Partner aufeinander richten."[60] Er unterscheidet

---

56 Bundesarbeitsgemeinschaft ev. Frauen – Bildungsstätten (Hrsg.), a. a. O., S. 13
57 SCHARMANN, D. und SCHARMANN, Th., a. a. O., S. 285
58 MOLLENHAUER, K., 1974, S. 209 f.
59 RICHTER, H. E., a. a. O., S. 16
60 DERS., S. 73

zwei Kategorien von elterlichen Rollenvorschriften an das Kind: Entweder wird das Kind als libidinöses Ersatzobjekt für einen anderen Partner oder als narzißtische Fortsetzung des eigenen (elterlichen) Selbst gesucht. In der Rolle des Partner-Ersatzes wird das Kind unbewußt gezwungen, die unbefriedigt gebliebenen Bedürfnisse in einer Partnerbeziehung zu erfüllen. Gleichzeitig wird im Kind der traumatisierende Partnerkonflikt neu ausgelebt, und das Kind genötigt, die Verhaltensmerkmale des Konfliktpartners zu wiederholen. Im Falle der narzißtischen Projektion wird im Kind ein Aspekt des eigenen — bejahten oder verneinten — Selbst gesehen.
Dieses projektive Elternverhalten hat neurotisierende Auswirkungen auf das Kind. Es wird von den Eltern systematisch in eine Verhaltensstruktur gedrängt; versucht es, aus der ihm zugedachten Rolle auszubrechen, droht ihm Liebesentzug. Die elterlichen Erwartungen überfordern das Kind, und die Gefahr, daß es sich ständig als minderwertig und unzureichend erlebt und unter Schuldgefühlen und Depressionen leidet, ist groß.[61]
Im Hinblick auf diese Tatsache, die nicht nur als pathologischer Grenzfall, sondern als "universell verbreitete (erzieherische) Möglichkeit"[62] erkannt werden muß, hat Familie "ihre bürgerliche Funktion verloren, Ort der seelischen und geistigen Emanzipation des Individuums zu sein."[63]

2. 2 Isolation

Neben der Gefahr der Überemotionalisierung der Innenbeziehungen beinhaltet Familienerziehung ein weiteres Gefahrenmoment. Die Familie entwickelt sich mehr und mehr zu einem selbstgenügsamen Sozialsystem, abgeschirmt und abgedichtet gegen Nachbarschaft, Gemeinde und weitere Öffentlichkeit. Der Verlust an Öffentlichkeit wirkt sich in mehrerlei Hinsicht problematisch aus. Zum einen hat er zur Folge, daß das elterliche Erziehungsverhalten gesellschaftlich kaum kontrolliert und korrigiert werden kann. Jahrelange Kindesmißhandlungen, die mehr oder weniger nur durch Zufall der Öffentlichkeit bekannt werden, belegen dies auf drastische Weise. Zum anderen beschränkt eine gegen die öffentlichen Lebensbezüge abgeschlossene Familie ihre Möglichkeiten, Kindern Problem- und Konfliktlösungsstrategien zu vermitteln, auf das innerfamiliale Kommunikationssystem. Wichtige Lern- und Erfahrungsbereiche bleiben ausgegrenzt, die Kom-

---

61 Ders., S. 75 f.
62 Erikson, E. H., 1966, S. 27
63 Horn, K., a. a. O., S. 23

plexität der sozialen Umwelt wird reduziert.[64] Die familiendynamische Schizophrenieforschung macht in gewissem Umfang die starre Gruppengrenze, die abgedichteten Sozialkontakte und die Unfähigkeit der modernen Kleinfamilie, Kindern außerfamiliäre Rollen nahe zu bringen für schizophrenieähnliche Identitätskrisen in der Adoleszens und beginnendem Erwachsenenalter verantwortlich. Der potentiell Schizophrene kann sich nur in der familiären Rollenstruktur identisch erfahren; beim Austritt aus der Familie verkraftet er den massiven Widerspruch zwischen der unverbindlichen Vertrautheits- und Intimsphäre der Familie und der konflikthaften Rationalsphäre der Berufs- und Erwachsenenumwelt nicht.[65]

Die Diskrepanz zwischen familialem Sozialstil und dem gesellschaftlich geforderten Sozialverhalten führt zu einer tiefgreifenden Unsicherheit und Ratlosigkeit von Eltern im Umgang mit ihren Kindern. Die tradierten erzieherischen Leitbilder, die verinnerlichten Verhaltensmuster und die sog. 'pädagogische Intuition' reichen nicht mehr aus, Kinder umfassend auf ihre künftige gesellschaftliche Existenz vorzubereiten. ALHEIT stellt in diesem Zusammenhang fest: "Elternsein ist zum Beruf geworden, der wie alle soziale Berufe Kenntnisse und Fertigkeiten voraussetzt, bevor er adäquat ausgeübt werden kann, der den Betroffenen die Bereitschaft abfordert, sich neuen Lernprozessen zu stellen und alte Gewohnheiten und Einsichten zu revidieren."[66]

3. Die Chancen verstärkter Kooperation mehrerer Pflegefamilien

Die Schlußfolgerungen, die aus diesen Aussagen zu ziehen sind, zwingen zu einer kritischen Neukonzeption der Familienerziehung. Zum einen geht es um eine größere Bewußtheit und Problemoffenheit von Eltern in Erziehungsfragen und um ihre Bereitschaft, sich in einem ständigen Lernprozeß mit sich, mit ihren Kindern und der sozialen Umwelt auseinanderzusetzen und eigenes Verhalten kritisch zu überdenken und zu korrigieren.

Im Versuch, das erzieherische Defizit der Kleinfamilie zu überwinden, zeigen die verschiedenen Experimente progressiver Elterngruppen (Wohngemeinschaften, Kommunen, Kinderläden, Eltern-Kind-Gruppen) mit kollektiven Gemeinschafts- und Erziehungsformen Wege auf. In diesen Elterngruppen gehören Erziehungsfragen und Erziehungsprobleme zu den wichtigsten Diskussionspunkten. Diese Elterngruppen wenden sich gegen eine weitgehend

[64] NEIDHARDT, F.: Strukturbedingungen und Probleme . . ., 1975, S. 40 f.
[65] WYNNE, L. C., DAY, J. und RYCKOFF, I. M., 1969, S. 168 f.
[66] ALHEIT, P.: Eltern sein – ein sozialer "Beruf", 1974, S. 125

blinde Erziehungspraxis, in der aus pädagogischer Selbstgerechtigkeit, Bequemlichkeit oder Unwissenheit Erziehungsmuster aus der eigenen Kindheit unkritisch weitergegeben, oder Kinder zu Instrumenten der Konfliktentlastung mißbraucht werden. Stattdessen bemühen sie sich um eine rationalere und kontrolliertere Erziehung, indem sie privates innerfamiliales Verhalten einer öffentlichen Reflexion zugänglich machen. Der Austausch von Praxiserfahrungen und pädagogischen Anschauungen macht problembewußter und erhöht das Verständnis für bis dahin nicht durchschaute Zusammenhänge in der Eltern-Kind-Beziehung. Im Prozeß der Gruppeninteraktion klären sich auch langsam eigene Positionen, Bedürfnisse und Vorstellungen, eigenes Verhalten wird durchsichtiger. Die Gruppengespräche helfen, Konflikte objektiver und distanzierter wahrzunehmen, als dies in der emotional überorganisierten Kleinfamilie der Fall sein kann. Die Gruppe entlastet auch von Unsicherheit, weil Fehlverhalten korrigiert wird, und man gemeinsam nach praktischen Lösungsmöglichkeiten sucht. Im "aktiven Reflexionsprozeß, der das schöpferische Experimentieren begleitet", sieht RICHTER den entscheidenden Lerneffekt dieser Elterngruppen.[67]
Bei einer Überwindung der Sozialisationsschwächen der Kleinfamilie geht es auch darum, die Familie aus ihrer selbstgenügsamen Isolation und bedrükkenden Privatheit herauszuführen. Die Familie von heute braucht eine "neue Öffentlichkeit", vermehrte Kontaktmöglichkeiten nach außen und ein neues Selbstverständnis.[68] Familie darf sich nicht mehr als in sich selbst ruhende, autonome Autorität begreifen und in bewußte Verteidigungsstellung gegen eine immer komplizierter werdende soziale Umwelt gehen. Sie muß ihre Inselpädagogik aufgeben und ihr funktionales Eingebettetsein in die gesellschaftlichen, wirtschaftlichen und politischen Verhältnisse sehen lernen. Gleichzeitig darf sie sich nicht nur als Objekt der Gesellschaft begreifen, abhängig von äußerer Unterstützung und äußerem Schutz. Erklärtes Ziel einer Elternbildungsarbeit, die Eltern in ihrer gewandelten pädagogischen Rolle gerecht werden will, muß es von daher sein, Eltern zu befähigen,

> "sich als verantwortliche, handelnde Subjekte der Gesellschaft verstehen (zu) lernen, die ihre Rechte, Interessen und selbstgesetzten Ziele artikulieren und verwirklichen können und müssen: aktiv handeln, für sich selbst eintreten, verantwortlich teilnehmen."[69]

Elternarbeit muß zugleich auch politische Bildung sein, die Eltern gesellschaftliche Wirklichkeit deutet und als politisch veränderbar aufzeigt.[70]

---

[67] RICHTER, H. E., 1975, S. 21–23
[68] CLAESSENS, D. und MENNE, F. W., 1973, S. 324
[69] Bundesarbeitsgemeinschaft ev. Frauen – Bildung (Hrsg.), o. J., S. 15
[70] WAHL, K.: Kleinkindererziehung..., 1973, S. 308

Auch in dem Bemühen, die Isolation, Enge und gesellschaftliche Sterilität der Kleinfamilie zu überwinden, bieten die progressiven Elterngruppen wichtige Ansätze. Sie sehen die Gruppe als neue Lebensgemeinschaft und dauerhafte Kommunikationsbasis, die zwischen der isolierten Paargemeinschaft und Gesellschaft vermitteln kann. Das Interesse von Paaren und Familien, sich zu einer Gruppe zusammenschließen, erwächst aus gegenseitiger Sympathie und dem gemeinsamen Ziel, Emanzipation von Kindern und Erwachsenen zu leben und in politischer Aktivität bürgerliches Bewußtsein und bürgerliches Erziehungsverständnis gesellschaftlich zu revolutionieren.[71] Der Wert dieser Gruppen liegt einmal in ihrem vielfältigen Angebot an Kontakt- und Anregungsmöglichkeiten. RICHTER sieht in der Gruppe eine Pluralität von Meinungen und sozialen Beziehungen repräsentiert, "welche die Kluft zwischen Individuum und Gesellschaft verringern hilft, insofern, als die Gruppe gewissermaßen die Gesellschaft in Miniaturformat simuliert".[72] Ihr politisches Interesse zwingt diese Elterngruppen, sich engagierter mit gesellschaftlichen Bedingungen auseinanderzusetzen und immer wieder ihren gesellschaftlichen Standort zu überdenken. Die Rückendeckung und die Sicherheit, die die Gruppe dem Einzelnen zu vermitteln vermag, hilft, sich Konflikten zu stellen und nach außen überzeugender aktiv zu werden.

Die 'totale Vergemeinschaftung', die in Wohngemeinschaften und Kommunen praktiziert wird, ist sicher nicht die neue Qualität Familie, die allgemein akzeptiert und gelebt werden kann – nicht zuletzt, weil diese Lebensform spezifische Beziehungsprobleme und spezifische Desorganisation schaffen kann.[73] Kollektives Verhalten ist nicht nur durch negative Voreingenommenheit und defensiven Widerstand der sozialen Umgebung gefährdet, sondern auch durch interne Gruppenspannungen. Das Wiener Kollektiv für Sozialarbeit stellt in seinem Erfahrungsbericht zwei zentrale gruppendynamische Probleme heraus, die bei der Kollektivierung von Eltern auftreten. Zum einen zeigte sich in der Praxis, daß die geforderte Offenheit, persönliche Motive öffentlicher Kritik zu unterwerfen, die einzelnen in ihrer psychischen Belastbarkeit und Konflikttoleranz häufig überfordert. Der Verlust des persönlichen Schutzraumes provoziert Aggression oder resignativen Rückzug aus der Gruppe. Zum anderen beschwört der radikale Anspruch nach persönlicher Veränderung, der in vielen linken Gruppen erhoben wird, ein "neues Leistungsklima" herauf, das ähnlich repressive Bedingungen des Zusammenlebens schaffen kann, wie eine gespannte Kleinfamilienatmosphäre.[74]

Systematisch anzustreben sind aber – so das Votum von WURZBACHER und

---

71 LIEGLE, L., 1973, S. 55 f.
72 RICHTER, H. E., a. a. O., S. 23
73 WURZBACHER, G. und CYPRIAN, G., 1972, S. 64
74 Wiener Kollektiv für Sozialarbeit, 1972, S. 44 f.

Cyprian – 'partiale Vergemeinschaftungen', offenere Familienformen, wie sie durch einen verstärkten Zusammenschluß und eine verstärkte Zusammenarbeit von Familien untereinander erreicht werden können. Solche Familienerweiterungen haben den Vorteil, daß gemeinsame Schwierigkeiten "bei aller Wahrung kleinfamilialer Zuständigkeit" und in eigener Verantwortung der Betroffenen besprochen und gelöst werden können.[75]

Die strukturell bedingten Sozialisationsmängel der Kleinfamilie und die Ansätze zu ihrer Überwindung müssen auch in die Überlegungen zu einer qualitativ verbesserten Erziehung in der Pflegefamilie einbezogen werden. In einer stärkeren Solidarisierung und Zusammenarbeit von Eltern liegen die besonderen Chancen der Pflegefamilie, die nicht die strukturellen Mängel der Kleinfamilie wiederholen und eine Neuauflage des "Patienten Familie"[76] darstellen will. Der Erfahrungsaustausch von Pflegeeltern untereinander kann Kinder und Eltern entlasten, schützt vor Vereinzelung und Resignation und bietet reichere Lernfelder. Solidarisierung führt zu einem größeren Problembewußtsein und zu einer Verbreiterung der Schwierigkeiten von Familie allgemein und von Ersatzfamilien im besonderen. Wenn die Pflegefamilie ein wirksames Instrument einer offensiven Jugendhilfe werden soll und ihrem Auftrag, individuelle Not und Fehlentwicklung von Kindern zu beheben und sich an der Verbesserung der Lage von Pflegekindern allgemein initiativ und konkret zu beteiligen, dann muß die Arbeit in der Pflegefamilie zusätzlich in Gruppen abgestützt werden:

> "In kleinen Gruppen zur Bewältigung der alltäglichen Probleme dieser Arbeit, in größeren Gruppen, um Lobby sein zu können gegen Restriktion und Stillstand, gegen Vereinzelung, gegen selbstgefällige Zufriedenheit mit dem Erreichten; für qualifizierte Hilfe am Klientel der öffentlichen Erziehung, für stetig neue Reflexion über weitere Möglichkeiten methodisch und sozialpolitisch sinnvoller Lösungen, für einen zunehmenden Leidensdruck der Öffentlichkeit gegenüber den benachteiligten Kindern unserer Gesellschaft und gegenüber der Gesellschaft, die sie dazu macht."[77]

Allerdings kann eine verstärkte Zusammenarbeit von Pflegeeltern und ihre Aktivierung zur gegenseitigen Selbstkontrolle in Gruppen nicht die langfristige Beratung und fachlich qualifizierte Begleitung der Erziehungspraxis ersetzen, sondern nur um eine Dimension verlängern, denn "ohne (langfristige, methodische) Beratung wird eine Reform der Erziehung in Ersatzfamilien mißlingen."[78]

Die sozialwissenschaftliche Kritik an der Institution Kleinfamilie hat gezeigt, daß blindes Vertrauen in die Familienstruktur eines Pflegeverhältnisses nicht

---

[75] Wurzbacher, G. und Cyprian, G., a. a. O., S. 64
[76] Richter, H. E., 1972, pass.
[77] Mewes, M. und K., Reinke, I. und A., Stunkenberg, M. und H., 1975, S. 28
[78] Bonhoeffer, M. und Widemann, P. (Hrsg.), 1974, S. 17

unproblematisch ist, da eine Pflegefamilie – allein schon dadurch, daß sie "Familie" ist und sich im Horizont dort geprägter Rollenverständnisse begreift – als strukturell labil verstanden werden muß.

Zur Komplikation der innerfamiliären Beziehungslabilität trägt in erheblichem Maße der spezielle Problemanteil bei, der eine Familie erst zu einer Pflegefamilie macht, und auf den die Institution "Familie" aus sich heraus nicht vorbereitet ist. Dabei soll zunächst noch nicht auf die Schwierigkeiten, die das Pflegeverhältnis selbst aus seinem Vollzug heraus entläßt, eingegangen werden. Davon soll in den Kapiteln II, 5 und II, 6 (vgl. S. 35 ff.) die Rede sein.

Die Belastbarkeit eines Pflegeverhältnisses hängt schon entscheidend davon ab, wie die Vorgaben aussehen, die beim Eintritt in die Konstellation "Pflegefamilie" mitgebracht werden. Dabei ist vor allem auf die spezifischen Deprivationssymptome des Pflegekindes sowie auf die Erwartungen der Pflegeeltern an ein Pflegeverhältnis abzuheben. Beides soll im folgenden Kapitel angesprochen werden.

4. Voraussetzungen des Pflegeverhältnisses

4. 1 Deprivationssymptome des Kindes

Der Großteil der Kinder, die in Pflegefamilien vermittelt werden, sind deprivierte[79] und emotional geschädigte Kinder, die ihre ersten Lebensjahre in Heimen verbrachten oder aus gestörten oder gescheiterten Familienverhältnissen übernommen wurden. Diese Kinder haben im Bereich ihrer elementaren Bedürfnisse nach Zuwendung, Sicherheit und Anerkennung schwere Deprivationen erlebt. Entweder erhielten sie zuwenig konstante Zuwendung, um überhaupt eine persönliche Gefühlsbeziehung aufbauen zu können, oder ihre Kontaktversuche wurden abgelehnt. BLANDOW berichtet, daß für zwei Drittel der von ihm untersuchten Kinder die Pflegestelle die erste Gelegenheit überhaupt bietet, positiv emotionale Bindungen einzugehen.[80]

Deprivierte Kinder sind in ihrem Selbstwertgefühl und in ihrem Vertrauen in die Umwelt zutiefst verunsichert und entmutigt. Ihre mangelhafte Erfahrung, bejaht zu werden oder das Erlebnis, daß befriedigende Beziehungen immer wieder unterbrochen wurden, hat in ihnen das Gefühl verdichtet, ungeliebt und verlassen zu sein und ihre Bindungsfähigkeit herabgesetzt. Das Sozialverhalten des emotional gestörten Kindes läßt sich durch gegensätzliche Erscheinungsbilder charakterisieren: durch Affekthunger und Distanzlosigkeit, durch betont indifferent – kontaktloses Verhalten oder durch provokatorische Aggressivität.[81] Heimkinder, die von Geburt an im Heim untergebracht waren, sind aufgrund ihres emotionalen Nachholbedarfs in der Regel affektiv unersättlich und distanzlos. Sie drängen sich unterschiedslos jedem Erwachsenen auf, werben um Beachtung und Zärtlichkeiten, aber ihre Zuwendung ist ohne emotionale Tiefe, sprunghaft und auswechselbar. Im Grunde genommen sind sie in ihrer Sozialentwicklung auf dem Niveau des fünf bis sechs Monate alten Säuglings stehen geblieben, der noch nicht fähig ist, zwischen gefühlsmäßig nahestehenden und noch unbekannten Personen zu unterscheiden.[82] Soziale Apathie oder aggressives Kontaktverhalten zeigen ausgeprägt

---

[79] "Deprivation" ("maternal deprivation") bezeichnet nach BOWLBY den Zustand, in dem das Kind die mütterliche Zuwendung, Fürsorge und Liebe entbehren muß.
[80] BLANDOW, J.: Rollendiskrepanzen . . ., 1972, S. 101
[81] DÜHRSSEN, A., 1958, S. 144
[82] MENARA, D., 1975, S. 106

Kinder, die aus einer bewußt erlebten, engeren affektiven Bindung herausgerissen wurden.
Neben dieser generellen Bindungsschwäche findet sich beim deprivierten Kinde eine verminderte Fähigkeit, sich in die Bedürfnisse anderer einzufühlen, im Interesse anderer Triebverzicht leisten zu können und Störungen in der Über-Ich-Entwicklung. BLANDOW zählt als Defizite in diesem Bereich auf: mangelnde Kontrolle über das eigene Handeln, antisoziales Verhalten, Mangel an normalen Schuldgefühlen bei Aggressionen.[83] Nach SCHOLL entwickelt ein Kind nur in einer Atmosphäre von gegenseitigem Vertrauen, affektiver Wärme und Sicherheit die Fähigkeit, Erwartungen und Forderungen seiner Erzieher zu verinnerlichen und sie in ein autonomes Gewissen zu integrieren. Gewissen hat eine soziale Funktion. Das Kind fühlt sich mitverantwortlich für ein harmonisches Zusammenleben in der Familie. Weil es seine Eltern liebt und das gute Verhältnis zu ihnen aufrechterhalten möchte, leistet es Triebverzicht. Wenn das Kind – wie das deprivierte Pflegekind – keine tragfähigen Beziehungen kennt, die aufrechtzuerhalten sich für es lohnen würde, fühlt es sich nicht innerlich gebunden und erkennt Verpflichtungen aus diesem Grunde nicht an. Mit dieser mangelnden Bereitschaft, Erwartungen identifikatorisch zu übernehmen, fehlt ihm ein entscheidender Mechanismus der sozialen Anpassung.[84] Pflegeeltern klagen immer wieder über Gefühlsarmut und Willensschwäche von Pflegekindern. Pflegekinder sind oft auch mit besonders heftigen und auffälligen neurotischen Störungen belastet. Als typische Folgen emotionaler Vernachlässigung gelten Symptome wie Enuresis, Encopresis, Schlafstörungen, allgemeine motorische Unruhe und die erhöhte Anfälligkeit gegenüber autoerotischen Betätigungen wie Lutschen, exzessives Onanieren, Iactationen.[85]
Zu den Schädigungen im psycho-sozialen Bereich kommen gewöhnlich noch körperliche und geistige Entwicklungsverzögerungen hinzu. Deprivierte Kinder zeigen in der Stato-Motorik (Krabbeln, Sitzen, Laufen) und in ihrer Sprachentwicklung Retardierungen. Darüber hinaus sind Defekte in der Raum-, Zeitauffassung und Ausfälle bzw. Schwächen im Bereich des abstrakten Denkvermögens zu beobachten.

---

83 BLANDOW, J., a. a. O., S. 13
84 SCHOLL, R., 1956
85 DÜHRSSEN, A., a. a. O., S. 144

4. 2 Die Motivationen und Selbstkonzepte von Pflegeeltern

Ebenso wie das Pflegekind aus seinem bisherigen Erfahrungshorizont Deprivationsgefühle in ein Pflegeverhältnis einbringt und dieses dadurch erheblich belastet, so gehen auch Pflegeeltern nicht ungeprägt und völlig vorbehaltslos an die Übernahme einer Pflegschaft heran. Im Gegenteil. Wie BLANDOW, auf dessen ausführliche Analyse im folgenden immer wieder Bezug genommen werden muß, gezeigt hat, sind es oft gerade bestimmte Mangelgefühle und Deprivationserlebnisse, die Pflegeeltern dazu motivieren, ein Kind in ihre Familie aufzunehmen. So sind zahlreiche Konstellationen denkbar, in denen ein Kind helfen soll, Pflegeeltern von den eigenen inneren Schwierigkeiten abzulenken.

BLANDOW hebt unter dem Begriff "familiäre Deprivation" den Wunsch von Pflegeeltern, durch die Aufnahme eines Pflegekindes ein gestörtes Ehe- und Familienleben zu retten und inhaltlich neu zu fundieren, als zentral hervor. Unter die gleiche Kategorie ordnet er das Bedürfnis von Eltern, im Pflegekind einen Spielkameraden für ein verhaltensschwieriges Einzelkind zu finden. Pflegemütter mit "kultureller Deprivation" leiden unter dem Bewußtsein, kein eigenes Kind bekommen zu können und nach traditionellem Wertverständnis keine 'vollwertige' Frau zu sein. Dieses Leiden an der eigenen Kinderlosigkeit und der Wunsch nach dem Pflegekind sind um so intensiver und drängender, je weniger die Frau die Chance hat, in außerfamiliären Rollen Befriedigung und Bestätigung zu finden. Diese Situation trifft typischerweise besonders für Frauen aus der Unterschicht zu, die

> "aufgrund schichtenspezifischer Bildungsschranken und internalisierter Einstellungen und Haltungen einerseits und den ökonomischen und sozialen Verhältnissen andererseits nicht zur Aufnahme befriedigender außerfamiliärer Rollen kommt."[86]

Als tendenziell neurotische Motivationen beschreibt BLANDOW "persönliche Deprivationen" von Pflegeeltern. Darunter fallen der Wunsch, durch ein Pflegekind einen Ersatz für ein eigenes verstorbenes Kind zu erhalten, einen selbstverschuldeten Abortus wiedergutzumachen oder das Bedürfnis, Deprivationen der eigenen Kindheit auszulöschen. BLANDOW sieht hinter diesen Motiven einen pathologischen Hintergrund, weil ihnen zumeist traumatische Erlebnisse zugrunde liegen, die mit Hilfe eines Pflegekindes psychisch verarbeitet werden sollen.

Für den hier herauszuarbeitenden Zusammenhang ist vor allem wichtig hervorzuheben, daß die Deprivationsgefühle, die zur Inpflegenahme eines Kindes motivieren, sich immer auch indirekt an der Vorstellung einer intakten, natürlichen Familie orientieren, deren Angebot eines familiären Schonraums

---

[86] BLANDOW, J., a. a. O., S. 58

der eigenen labilen Verfassung entgegengehalten wird. Dieser Tendenz kommt die Tatsache entgegen, daß die Gesellschaft kein eigenständiges Rollenmodell für Pflegeeltern bereithält, so daß, wer an Pflegefamilien denkt, zunächst an die Struktur einer biologisch fundierten Familie zu denken gezwungen ist, bevor er dieser Vorstellung die besonderen Konstellationen einer Pflegeschaft zuordnet. "Da eine eigene Pflegeeltern-Rolle als kulturell verbindliches Skript fehlt",[87] ist es nicht verwunderlich, daß sich nach BLANDOW 48,4 % der Pflegeeltern mit der Rolle der natürlichen Eltern eines Kindes völlig identifizieren, ein Selbstverständnis, das BLANDOW mit dem Begriff des "Mutter-Konzepts" umschreibt. Weitere 19,4 % befinden sich in großer Nähe zu diesem Rollenverständnis, wenn hier auch das Bewußtsein, "Eltern auf Zeit" zu sein, einen mäßigenden Einfluß auf die emotionale Intensität des Verhältnisses zum Pflegekind zu haben scheint. Das hier angesprochene "Ersatz-Mutter-Konzept" ist aber in seinen sonstigen Motivationsnennungen dem "Mutter-Konzept" so ähnlich, daß sich als allgemeine Tatsache festhalten läßt, daß sich die überwiegende Mehrzahl der Pflegeeltern gegenüber dem Kind in der Rolle seiner leiblichen Eltern erlebt. Das bedeutet aber gleichzeitig, daß sie an das Pflegekind genau die normativen und affektiven Erwartungen stellen, die leibliche Eltern in ihrem Kind verwirklicht sehen wollen.

Hier liegt wohl der Grund für die Vorbehalte, die BLANDOW einer Rollenorientierung von Pflegeeltern nach dem Mutter-Konzept entgegenbringt. Nach seinen Erfahrungen wünschen sich Eltern mit einem Mutter-Konzept primär ein Pflegekind, das sie nach eigenen Vorstellungen formen können, und sind affektiv nur bedingt bereit, sich Bedürfnissen eines Kindes anzupassen, das nicht ihren Erwartungen entspricht. In verstärktem Maße erwarten sie vom Kind persönliche Gratifikationen, emotionale Zuwendung, Bestätigung in ihrer Rolle als Eltern. Mit solchen vorstrukturierten Bedürfnissen konfrontieren sie das Kind aber mit Aufgaben, denen es zunächst nicht gewachsen ist.

Auf die Erörterung der übrigen bei BLANDOW angeführten Selbst-Konzepte von Pflegeeltern soll in diesem Rahmen verzichtet werden, zumal ihnen allen in der Analyse BLANDOWS eine relative Erfolglosigkeit bescheinigt wird. Ein Entwurf ist davon allerdings auszunehmen und in Absetzung vom "Mutter-Konzept" hervorzuheben: das sog. "Helfer-Konzept". Es ist als idealtypisches Rollenverständnis anzusehen, das die im "Mutter-Konzept" drohende Überfremdung des Kindes mit persönlichen Bedürfnissen von Pflegeeltern weitgehend ausschaltet. Pflegeeltern mit einem "Helfer-Konzept" sehen sich einer mehr professionellen Erzieherrolle dem Kind gegenüber. Ihre Motivation, ein Pflegekind aufzunehmen, geschieht nicht so sehr aus einem inneren

---

[87] DERS., S. 65

Leidensdruck heraus, als aus dem Bedürfnis zu helfen. Dementsprechend orientiert sich die Erziehung des Kindes nicht in erster Linie an den eigenen Erwartungen, sondern an den Notwendigkeiten für das Kind. Soziale Gratifikationen und altruistische Motive wie "etwas für die Gemeinschaft tun", "eine schwierige Erziehungsaufgabe übernehmen" überwiegen als Rollenbefriedigungen.
Die Vorteile eines professionellen Rollenverständnisses sind aber zugleich auch seine Nachteile. BLANDOW stellt als Gefahrenmoment eines persönlich distanzierteren Umgangs mit dem Kind heraus,

"daß das Kind nicht zwischen der professionell begründeten Zuwendung der Pflegemutter und einer 'natürlichen' emotionalen Zuwendung unterscheiden kann."[88]

Der Preis, der dafür gezahlt werden muß, wenn die inneren Bedürfnisse von Pflegeeltern nach dem Kind bewußt abgeblendet werden, zeigt sich noch an einer anderen Konsequenz des "Helfer-Konzeptes". Mit der Intensität des emotionalen Bedürfnisses nach dem Kind sinkt auch die Bereitschaft, sich mit seinen Schwierigkeiten ganz persönlich zu identifizieren. Es ist zu vermuten, daß Pflegeeltern mit einem "Helfer-Konzept", das aus der pädagogischen Motivation heraus lebt, bei massiven Erziehungsschwierigkeiten schneller zum Abbruch des Pflegeverhältnisses bereit sind, als Eltern, die das Pflegekind als ihr eigenes Kind betrachten und ein starkes affektives Bedürfnis nach dem Kind haben. So weist BLANDOW in einer Erörterung der Zusammenhänge von Selbst-Konzepten und dem Erfolg von Pflegschaften darauf hin, daß "Pflegemütter mit einem Mutter-Konzept die niedrigste Abbruchsquote haben."[89] Wenn man bedenkt, daß die Kontinuität einer Beziehung Voraussetzung für die Fähigkeit des sozial gestörten Kindes ist, neue emotionale Bindungen eingehen zu können, so wird die Gefahr, die von der professionellen Grundhaltung des "Helfer-Konzeptes" ausgeht, ziemlich wichtig genommen werden müssen.
BLANDOW plädiert dennoch aufgrund seiner Verlaufsanalyse von Pflegeverhältnissen für ein mehr professionell ausgerichtetes Rollenverständnis und Wissen von Pflegeeltern. In seiner Erfolgs- bzw. Nichterfolgsstatistik kommt er zu dem pessimistischen Schluß, daß nahezu die Hälfte aller Pflegschaften vorbelastet sind durch egoistische und z. T. neurotisch-emotionale Bedürfnisse von Pflegemüttern. Die von ihm in einem Interview herausgearbeiteten Motivationen von Pflegemüttern decken diese Befürchtungen allerdings nicht ganz ab. BLANDOW legte Pflegemüttern 15 Karten vor, mit der Bitte, fünf von ihnen, deren Wortlaut am ehesten ihrem eigenen Rollenverständnis entspricht, auszusortieren und in eine Rangfolge zu bringen. Es folgt eine Wie-

[88] DERS., S. 69
[89] DERS., S. 130

dergabe der Nennungen von Pflegemüttern, die sich als "Mutter" des Pflegekindes verstehen:[90]

Rollenbefriedigung	Mutter-Konzept (N=85) n	R
Jungbleiben	9	10
Langeweile	1	14
Glaube	12	8
soziale Tat	22	6
eigenes Kind	35	5
hausfrauliche Fähigkeiten	4	12
gebraucht werden	46	2
Zärtlichkeit	43	4
Einkommen	2	13
Mann glücklich machen	6	11
ganze Frau sein	13	7
schwierige Aufgabe	10	9
Spaß an Kindern	44	3
unglücklichen Kindern helfen	72	1

(n = Häufigkeit der Nennungen
R = Rangfolge)

An der Tabelle wird deutlich, wie gering die Zahl der Voten ist, die auf das Bedürfnis von Pflegemüttern schließen lassen, eigene Mangel- und Minderwertigkeitsgefühle im Pflegeverhältnis auszukurieren. Nennungen, die in diesem Sinne einen großen Anteil an egoistischen Motiven vermuten lassen, sind rangmäßig niedrig plaziert. Die überwiegend häufigsten Äußerungen beziehen sich auf Rollenbefriedigungen, die ein mehr altruistisch-orientiertes Selbstverständnis ausdrücken. Natürlich kann bei einem so subjektiven Ermittlungsverfahren nicht ausgeschlossen werden, daß Aspekte betont werden, die einer Verdeckung tieferliegender Motivationen dienen. Aber die Häufung von ausgesprochen am Kind orientierten Erwartungen läßt doch davor warnen, die Deprivationsanteile an der Motivation von Pflegemüttern, ein Kind in Pflege zu nehmen, allzu hoch einzuschätzen und das sozialkaritative Engagement von Pflegeeltern unterzubewerten.
Gerade das, was Blandow als Bestätigung seines Verdachtes der Überfremdung des Pflegekindes mit den Eigeninteressen der Pflegeeltern im Bereich des "Mutter-Konzeptes" angibt und mit dem Begriff "angewiesen sein auf persönliche Gratifikationen durch das Kind" als negativ dem Selbstverständnis professioneller Erzieher und deren Orientierung an mehr sozialen Gratifikationen entgegenstellt, macht eben auch den Vorteil des "Mutter-Konzeptes" deutlich: sein hohes Angebot an Emotionalität. Je mehr Bereitschaft zur emotionalen Eigenbeteiligung in ein Pflegeverhältnis eingebracht wird, desto höher muß dann auch die Verletzbarkeit des Gefühls und die persönliche

[90] Ders., S. 124

Betroffenheit beim Ausbleiben von Erfolgen sein. Dieses Moment großen Konfliktpotentials des "Mutter-Konzepts" durch die Bereitwilligkeit, sich emotional ins Pflegeverhältnis einzubringen, wirkt sich ambivalent aus: zugleich als Stärke und als Schwäche dieses Konzepts. Das tritt besonders deutlich hervor bei der oben angezeigten Untersuchung BLANDOWS, wenn man sich die Einordnung des Votums 'Zärtlichkeit' näher anschaut. Die entsprechende Karte trug den genauen Wortlaut: "Die Zärtlichkeit und Liebe eines süßen Babys bedeuten sehr viel für mich." Interessant ist, daß die Pflegemütter, die sich im Rahmen eines "Ersatzmutter-Konzepts" verstanden haben, diesem Votum nur den Rang 10 gegeben haben. Das entspricht – wie oben schon herausgestellt – der größeren emotionalen Distanz ihres Rollenverständnisses. Pflegeeltern mit einem "Helfer-Konzept", die sich in noch größerem Maße emotional zurückhalten, haben bezeichnenderweise dieses Votum gar nicht mehr ausgewählt zur Bestimmung der Rollendefinition bzw. Motivation.

Je mehr also das emotionale Eigeninteresse der Pflegeeltern am Pflegekind abgeblendet wird, desto mehr wird die Störanfälligkeit des Pflegeverhältnisses von dieser Seite her unterbunden, desto weniger spielen dementsprechend auch Enttäuschungsreaktionen der Pflegeeltern eine Rolle. Geht man das Problem Pflegeverhältnis nun aber nicht in erster Linie von dem negativen Aspekt "Störung" an, sondern lenkt man die Aufmerksamkeit zuerst auf das, was ein Pflegekind braucht: emotionale Stabilität, dann tritt gerade die positive Voraussetzung für die emotionale Störanfälligkeit im "Mutter-Konzept" deutlicher hervor. Der Wert, der durch eine Orientierung am "Mutter-Konzept" in ein Pflegeverhältnis eingebracht wird, ist die Bereitschaft zu einem Engagement, in dem sich die Pflegeeltern als ganze Personen auf's Spiel setzen. Nur dann, wenn das Pflegekind spüren kann, daß es selbst vollständig ernst genommen wird – nun aber so, daß sich auch die Pflegeeltern ganz in dieses Verhältnis einbringen und nicht einen Teil ihrer Persönlichkeit abblenden –, sind die Voraussetzungen dafür bereitgestellt, daß das Pflegekind wieder ganz Vertrauen fassen kann.

Daher wird bei der folgenden Untersuchung verschiedener Konfliktfelder des Pflegeverhältnisses und bei der Suche nach Konfliktlösungsmöglichkeiten – ohne daß damit die prinzipiellen Bedenken BLANDOWS verharmlost werden sollen – davon auszugehen sein, daß den Pflegeeltern ein Selbstverständnis zugrunde liegt, das sich weitgehend mit dem "Mutter-Konzept" verträgt, ohne dadurch immer schon über das übliche Maß durchschnittlicher Familien hinaus durch besonders starke Deprivationsgefühle belastet sein zu müssen.

Zudem läßt die zu intensive Herausstellung egoistischer Erwartungen und eventuell neurotischer Bedürfnisse von Pflegeeltern leicht vergessen, daß es nicht in erster Linie die Pflegeeltern selber sind, die ein Pflegeverhältnis durch

überwiegend an ihrer Persönlichkeit festzumachende Probleme am stärksten komplizieren. Es ist eher zu vermuten, daß die Instabilität und Störanfälligkeit der Pflegefamilie primär strukturell bedingt ist, d. h. weil sie über den generellen Streß der Kleinfamilie hinaus erhöhten Belastungen ausgesetzt ist. Im Pflegeverhältnis müssen sich widersprechende Ansprüche ausbalanciert und gegenläufige Tendenzen harmonisiert werden, so daß der persönliche Konfliktanteil von Pflegeeltern nicht überbetont werden darf.
Daher gehen wir im folgenden Teil, in dem Interaktionskonflikte in der Pflegefamilie geschildert werden sollen, nicht aus von den persönlichen Problemen der Pflegeeltern, sondern wir wollen aufzeigen, welche Schwierigkeiten — auch bei einer deprivationsarmen Ausgangssituation — im Vollzug des Pflegeverhältnisses ganz notwendig für eine Familie entstehen, wenn sie ein Pflegekind sinnvoll in sich integrieren will.

5. Konfliktpotential in der familialen Erziehungssituation

5. 1 Die Unsicherheit im Verhalten der Erziehenden

Als grundsätzlicher Verunsicherungsfaktor wurde oben die Tatsache angegeben, daß — anders als bei der Institution 'Familie' — für die Einrichtung der Pflegefamilie keine oder nur sehr unzureichend popularisierte Rollenvorbilder zur Verfügung stehen. Der Mangel an Orientierungshilfen führt unter dem Druck, handeln zu müssen, zu einer tiefgreifenden Unsicherheit. Ohne stabilisierende Verhaltensnorm bzw. Rolle sind Pflegeeltern besonders schutzlos Ansprüchen ausgesetzt, die miteinander in Konflikt geraten. Das können die Ansprüche des Pflegekindes auf Sonderbehandlung und Individualbetreuung sein, oder die Ansprüche der Gesellschaft bezüglich dem, was von einem Kind an Verhaltenweisen zu erwarten ist. Dieses Ausgeliefertsein der Pflegeeltern an divergierende Erwartungen, ohne daß sie eine eigene Rollenstabilität entgegensetzen können, und die daraus resultierende Verhaltensunsicherheit führen nun häufig zu der Konsequenz, daß die Ansprüche, die den eigenen Wertvorstellungen am meisten entsprechen — und dies sind in der Regel die verinnerlichten gesellschaftlichen Normen —, in verstärkter Weise, d. h. ungeschützt und durch eigene Rollensouveränität nicht relativiert, das Verhalten rigide bestimmen. So ist es nicht verwunderlich, wenn BLANDOW gerade bei Pflegeeltern eine Tendenz zu perfektionistischem Erziehungsverhalten feststellt.[91]

---

[91] BLANDOW, J.: Rollendiskrepanzen . . ., 1972, S. 65

Pflegeeltern sind im Umgang mit dem sozial gestörten und verhaltensauffälligen Kind häufig überfordert. Ihr tradiertes Erziehungswissen reicht nicht aus, um diese spezifischen und komplexen Erziehungsprobleme zu bewältigen, und die besonderen Bedürfnisse des Kindes sind oft nicht einfühlbar. BLANDOW spricht im Hinblick auf die Erziehungssituation von Pflegeeltern von einer "Antinomie", im Sinne von KIRKS Definition, daß divergierende Erwartungen aufeinandertreffen.[92] Die Schädigungen des Kindes fordern eine schonende Haltung von Pflegeeltern, die Regressionen des Kindes zuläßt und Rücksicht auf seine Störungen und Entwicklungsverzögerungen nimmt. Das emotional verunsicherte Kind braucht ein permissives Erziehungsmilieu, "eine Atmosphäre von bedingungslosem Gewähren und Annehmen, von Toleranz gegenüber Symptomen und Fehlverhalten . . .", wie MUSS sich ausdrückt.[93] Im Gegensatz zu dieser Forderung stehen der Wunsch und die verinnerlichte kulturelle Maxime von Pflegeeltern, das Kind möglichst rasch zu sozialer Selbständigkeit und intellektueller Leistungsfähigkeit zu erziehen. Hinzu kommt die Erwartung des Jugendamtes an die Pflegeeltern, den Entwicklungsrückstand des Kindes in möglichst kurzer Zeitspanne aufzuholen.[94] Diese Verpflichtungen führen zu Gefühlen der Unsicherheit und zu erzieherischen Desorientierungen.[95] Pflegeeltern wissen im Grunde nicht, wie sie sich dem Kind gegenüber zu verhalten haben, und welches Maß an Schonung und gezielter Leistungsförderung im Interesse der optimalen Integration für das Kind das richtige ist. Wie SIX feststellte, neigen Pflegeeltern dazu, sich gespannt und übervorsichtig dem Kind gegenüber zu geben und ihre Erziehungspflicht ängstlich überzubewerten. Das Gefühl, Verantwortung für ein fremdes Kind zu übernehmen, und der Zwang, sich in ihrer Erziehungsleistung vor einer Behörde verantworten zu müssen, provozieren bei vielen Pflegeeltern Perfektionsvorstellungen, die sie übersensibel und überkritisch auf eigenes Fehlverhalten und auf Störungen und Leistungsmängel des Kindes reagieren lassen.[96] Die Angst, versagen zu können, nimmt ihnen die Spontaneität im Umgang mit dem Kind. Bereits unbedeutende Schwierigkeiten mit dem Kind wie Eßprobleme, Streitigkeiten mit Geschwistern, Opposition beim Zubettgehen, Wutausbrüchen, die leibliche Eltern relativ gelassen hinnehmen, können sich im Pflegeverhältnis krisenhaft zuspitzen.[97] Nicht selten verbirgt sich hinter dieser Haltung auch die angstbesetzte Vorstellung,

---

92 DERS., S. 51
93 MUSS, B.: Gestörte Sozialisation . . ., 1975, S. 105
94 BLANDOW, J., a. a. O., S. 52
95 MENARA, D., 1975, S. 109
96 SIX, M., 1964, S. 54
97 ROSS, A. O., 1967, S. 179

daß das Kind durch schlechte Erbanlagen oder Milieueinflüsse gefährdet ist, denen man mit erzieherischer Strenge vorbeugen muß. Nach EDELMANN sind diese Kausaleinstellungen und Ängste im Denken von Eltern noch tief verwurzelt und bei Adoptiv- und Pflegeeltern weit verbreitet.[98] Sie bieten sich aber auch – gerade für Pflegeeltern – als willkommene Rationalisierungen an, mit denen sich erzieherische Mißerfolge entschuldigen lassen.[99]

Perfektionismus bei Pflegeeltern muß nicht ausschließlich eine Folge von Unsicherheit sein. KANNER weist darauf hin, daß eine perfektionistische Grundeinstellung auch Ausdruck für eine bewußte oder unbewußte Ablehnung des Kindes sein kann. Ablehnung verträgt sich nicht mit der geforderten Liebesbeziehung zum Kind und ruft typischerweise erhebliche Schuldgefühle hervor. Der Ausweg aus dieser Konfliktsituation ist die Flucht in die Überkorrektheit.[100] BLANDOW hat versucht, die Verhaltensweisen von Pflegekindern, die auf starke Ablehnung bei Pflegeeltern stoßen, zu systematisieren. Seinen Auswertungen zufolge reagieren Pflegeeltern besonders empfindlich auf Störungen, die seitens der Nachbarschaft, Schule und weiterer Öffentlichkeit negativ sanktioniert werden und Schande bereiten, oder auch eigene moralische Tabus verletzen und unbewältigte Konflikte aktualisieren. Am stärksten abgelehnt werden verpönte sexuelle Verhaltensweisen wie exzessive oder mutuelle Onanie bzw. 'Frühreife'. Danach folgen in der Rangfolge der Nennungen in Interviews mit Pflegeeltern: aggressive und ablehnende Verhaltenweisen (Trotz, Widerrede, Ungehorsam, 'Zerstörungswut'), Lügen oder Stehlen, neurotische Verhaltensstörungen, starke Gehemmtheit, Bettnässen, schulische Leistungsstörungen und Störungen aufgrund des Kontaktes zu leiblichen Angehörigen.[101]

Mit zunehmender Abhängigkeit von der Kritik der öffentlichen Meinung vermindert sich aber die Bereitschaft von Pflegeeltern, sich mit den Bedürfnissen und Problemen des Kindes zu identifizieren, Enttäuschungen durch schwierige Verhaltensweisen des Kindes zu ertragen und die daraus entstehenden Umweltkonflikte durchzustehen. Unter solchen Bedingungen ist dann rasch die Gefahr gegeben, das Kind mit zu hohen Erwartungen und Leistungsstandards zu konfrontieren. Psychisch labile Kinder sind aber für jede Belastungssituation erhöht anfällig. "Auch ohne die betonte erzieherische Aufforderung an sie, ihre Störungen abzubauen, stecken sie bereits tief in Selbstwertkonflikten."[102] Unsicherheit, Gespanntheit und häufig auch ne-

---

98 EDELMANN, H., 1972, S. 95

99 ROSS, A. O., a. a. O., S. 179 f.

100 KANNER, L., 1958, S. 204 ff.

101 BLANDOW, J.: Erfolg oder Nichterfolg . . ., 1972, S. 139

102 HAUG, H., 1970, S. 66

gative Erwartungsangst von Pflegeeltern übertragen sich auf das Kind, und es reagiert darauf mit neuen Unwertgefühlen, dem Gefühl der Verlassenheit und verstärkter Symptomatik. Damit beginnt ein circulus vitiosus, in dessen Verlauf sich Schwierigkeiten des Kindes, Enttäuschungen und Härten von Pflegeeltern eskalieren. SIX spricht von einem nicht aufzuhaltenden Prozeß der gegenseitigen Entfremdung von Pflegeeltern und Pflegekind.[103]
Dieses verhängnisvolle Wechselspiel erkannten wir im Bericht einer Pflegemutter wieder:

Frau K., frühere Kindergärtnerin, schildert in einem Pflegeelterngesprächskreis ihre Schwierigkeiten mit ihrem bereits dreizehnjährigen Pflegekind Walter. Augenblicklich sind Walters Schulleistungen Hauptanlaß der Auseinandersetzungen zwischen Frau K. und Walter. Walter ist Sonderschüler und leidet erheblich unter dieser Situation. Seine offensichtliche Angst vor der Schule drückt sich in einem fast schon zwanghaft zu nennenden Anspruch an sich selbst aus, seine Hausaufgaben ganz korrekt zu erledigen. Jeder Fehler im Heft stört ihn so sehr, daß er das Heft zerreißt, sich enttäuscht auf den Boden wirft und nicht mehr weiterschreiben möchte. Damit Walter lernt, "durchzuhalten", setzt sich Frau K. regelmäßig neben ihn, wenn er seine Schulaufgaben erledigt, und zwingt ihn, Sätze auch mit Korrekturen stehen zu lassen. Walter reagiert auf diese Disziplinierungsversuche mit heftigen Aggressionen. Häufig vergißt er sich völlig in seiner Wut und tritt und schlägt nach seiner Pflegemutter, die es "doch nur gut mit ihm meint." Frau K. ist über diese "wilden Ausbrüche" von Walter sehr befremdet. Sie weiß nicht, wie sie diesen Aggressionen Herr werden kann.

Zu der Unsicherheit, welche erzieherischen Maßstäbe an das Pflegekind anzulegen sind, und wie Verhaltensstörungen methodisch zu begegnen ist, kommt eine spezifische Schwierigkeit hinzu. Pflegeeltern fehlt in der Regel, was natürlichen Eltern die intuitive Einfühlung in das Kind und die richtige Einschätzung seiner Bedürfnisse und Reaktionen erleichtert – ein differenziertes, kons tantes biographisches Hintergrundswissen. Pflegeeltern sind in der besonderen Lage, daß sie ein Kind übernehmen, das bereits ein bestimmtes Lebensschicksal und fundamentale Prägungen und Eindrücke erfahren hat, die ihnen unbekannt und nur interpretierend zugänglich sind. Um dem Kind richtig begegnen zu können, sind sie darauf angewiesen, möglichst lückenlos über seine Vorgeschichte unterrichtet zu werden. Der Zugang zu diesen Informationen ist Pflegeeltern in der Mehrzahl der Fälle aber sehr erschwert. Vielfach hängt es vom individuellen Engagement einer Heimleitung ab, wie gründlich die zukünftigen Pflegeeltern eines Heimkindes über seinen persönlichen Werdegang, seine Probleme, Bedürfnisse und Gewohnheiten instruiert werden. Es kommt sogar vor, daß Heime oder Pflegevermittlungsdienste bewußt das Ausmaß an Schädigungen und Erziehungsschwierigkeiten eines Kindes verharmlosen, um zu verhindern, daß Pflegeel-

[103] SIX, M., a. a. O., S. 54

tern vor einer Inpflegenahme zurückschrecken. Desgleichen werden Daten, die in den Akten von Vormundschaftsgerichten und Jugendämtern verzeichnet sind, fachärztliche Gutachten und psychosoziale Diagnosen selten an Pflegeeltern weitergereicht.[104]
Ein uns bekanntes Pflegeelternpaar erfuhr erst nach einer langen Zeit aufreibender Auseinandersetzungen, Resignation und Zweifel an ihrer Eignung als Eltern, daß die nervöse Überreizung, die Tobsuchtsanfälle ihres Pflegekindes im wesentlichen auf eine hirnorganische Schädigung zurückzuführen sind, die es von einer Hirnhautentzündung zurückbehalten hatte. Zur psychischen Ausgeglichenheit war es auf medikamentöse Unterstützung angewiesen. Die Heimleitung hatte diese Tatsache verschwiegen.
Die Fachvermittlungsdienste sind ihrem gesetzlichen Auftrag nach verpflichtet, mit künftigen Pflegeeltern vorbereitende Gespräche zu führen und sie ausführlich auf die Risiken hinzuweisen, die mit der Aufnahme eines Pflegekindes verbunden sind. Darüber hinaus sieht der § 31 Abs. 2 JWG die Beratung und begleitende Betreuung von Pflegeeltern durch das Jugendamt während der Dauer des Pflegeverhältnisses vor.[105] Aus Gründen personeller Unterbesetzung, Arbeitsüberlastung und auch arbeitsteiliger Zuständigkeiten kommen die Jugendämter – abgesehen von Mustereinrichtungen wie der Pflegekinderdienst Dortmund – diesem Auftrag indes nur bedingt nach. Die Betreuung erschöpft sich vielfach in sporadischen Besuchen und routinemäßigen Kontrollen des zuständigen Sozialarbeiters. In Erfahrungsberichten von Pflegeeltern liest man daher immer wieder die stereotype Klage, daß sie sich gänzlich unberaten und mit den Schwierigkeiten des Kindes alleine gelassen fühlen.[106] Die Aufsicht durch eine Behörde statt sozialpädagogischer Förderung und praktischer Qualifikation muß sich jedoch sehr entmutigend und demoralisierend auf Pflegeeltern auswirken.
In dieser Situation pädagogischer Verunsicherung brauchen Pflegeeltern ganz notwendig eine kontinuierliche pädagogisch–psychologische Begleitung. Das Pflegekind ist in erhöhtem Maß erziehungsbedürftig, und damit sind auch Pflegeeltern besonders gefährdet, erzieherisch Falsches zu tun und die richtige Einstellung zum Kind zu verfehlen. Unberaten und unter dem moralischen Druck der Behörde neigen sie dazu, die Möglichkeiten des Kindes zu überschätzen und stehen immer wieder in der Gefahr, seine Störungen als individuelle Verfehlung zu werten. Um sich in die Schwierigkeiten des Pflegekindes einfühlen zu können und seine Auffälligkeiten "als Hinweis auf echte Defizite und Nachholbedürfnisse oder als konsequent auf die früheren

---

[104] Gonsbach, W., 1975, S. 11–13
[105] Lüdemann, B., 1975, S. 2
[106] vgl. Erfahrungsberichte von Pflegeeltern in: Neuer Rundbrief 3/1975

Aufforderungssituationen bezogene Selbstbehauptungs- und Schutzstrategien"[107] tolerieren zu können, brauchen Pflegeeltern psychologische Grundkenntnisse über die Genese von Verhaltensstörungen und die psychischen Voraussetzungen von Kindern. Nur eine psychologische Sichtweise verschafft Pflegeeltern die notwendige Beobachtungs- und Beurteilungsdistanz dem Kind gegenüber und die Sicherheit, die Erziehungsschwierigkeiten nicht als persönlichen Affront, sondern als pädagogische Aufgabe zu sehen.

Aber noch wichtiger als die Vermittlung von theoretischem Wissen ist die konkrete pädagogische Anleitung, wie Pflegeeltern den Verhaltensstörungen des Kindes begegnen und durch welche Anregungen und Spiele sie gezielt dazu beitragen können, den sozialen und intellektuellen Entwicklungsrückstand aufzuholen. Entscheidungshilfe benötigen sie auch, wenn es um die Fragen der richtigen Schulwahl geht oder um die Notwendigkeit zusätzlicher individueller Hilfen für das Kind, z. B. einer spiel- oder sprachtherapeutischen Behandlung.

Die Hilfe für Pflegeeltern kann sich aber nicht nur in der rein rationalen Aufklärung und Anleitung erschöpfen, sondern muß auch die tieferliegenden Bedürfnisse von Pflegeeltern nach Entlastung von eigenen Unsicherheits- und Unzulänglichkeitsgefühlen, von Resignation und Mutlosigkeit und nach Anerkennung und Bestätigung berücksichtigen. "Wesentlicher als ein 'Nur-Wissen' ist die Stärkung des Selbstbewußtseins der Pflegeeltern . . ."[108] Diese psychologische Stabilisierung kann unserer Meinung nach am besten die Gruppe leisten. Die konkrete Erfahrung, daß andere Pflegeeltern mit ähnlichen Schwierigkeiten zu kämpfen haben und sich in der Erziehung des Pflegekindes in der gleichen Weise verunsichert fühlen, entlastet vom Erfolgsdenken, dem sich Pflegeeltern verstärkt ausgesetzt fühlen, und läßt eigene überhöhte Ansprüche und Leistungsstandards leichter relativieren. In Relation zu den Erziehungsfehlern, die andere Eltern im Umgang mit ihrem Pflegekind machen, nimmt sich eigenes Versagen nicht so tragisch aus. Gleichzeitig verstärkt sich das Bewußtsein, daß das verhaltensgestörte Kind Eltern vor eine objektiv schwierige Aufgabe stellt, und die Erfolgskriterien, an denen sich die Normalerziehung orientiert, im Pflegeverhältnis nur bedingt gültig sind. In diesem Sinne versteht BROCHER die Gruppe als wirksames Medium, Perfektionseinstellungen und Versagungsängste aufzulösen.[109]

Eine Gruppe von Pflegeeltern ist auch in besonderem Maße fähig, dem einzelnen das Gefühl der Anerkennung und des Bestätigtseins zu vermitteln. Anerkennung wird nur da gegeben, wo Leistung auch als solche, d. h. im

[107] MEYER-DETTUM, K., 1974, S. 291
[108] GESO-GESELLSCHAFT(Hrsg.), 1974, S. 11
[109] BROCHER, T., 1971, S. 689

Verhältnis zu der erforderlichen Anstrengung erkannt wird. Die Öffentlichkeit kann in Unkenntnis der Schwierigkeiten eines Pflegeverhältnisses die dort erbrachten Leistungen nicht würdigen, da sie ihre Beurteilungskriterien für Erziehungsfortschritte aus den Durchschnittserfahrungen einer 'Normalerziehung' gewinnt. Vor diesem Maßstab nehmen sich aber die kleinen Erziehungsfortschritte, die in der Pflegefamilie zu erreichen sind, als zu gering aus, um Beachtung und Anerkennung zu finden. Wenn es z. B. Pflegeeltern gelungen ist, ihr aggressiv-gehemmtes Kind endlich zu einem spontanen Wutausbruch veranlaßt zu haben, so wird dieser 'Erziehungserfolg' in der Öffentlichkeit mit Ablehnung quittiert: "Das Kind kann sich ja nicht richtig benehmen." Eine Gruppe von Pflegeeltern, die mit den gleichen Problemen konfrontiert sind, kann aus eigenen Erfahrungen heraus die Anstrengungen, die dieser Leistung vorausgehen, eher ermessen und mit höherer Anerkennung honorieren.

5.2 Zur Problematik "zeitlich begrenzter" Elternschaft

Pflegeelternschaft hat sich – im Gegensatz zur Adoptivelternschaft – grundsätzlich als "eine Ergänzung oder ein Teilersatz für die erziehungsunfähige oder – unwillige natürliche Familie"[110] des Kindes zu verstehen. Sie hat damit ihre Begründung und Sinngebung nicht in sich selbst, sondern tritt in den Dienst des übergeordneten Erziehungszieles, das Pflegekind durch das zwischenzeitliche Pflegeverhältnis emotional und sozial gekräftigt wieder in seinen ursprünglichen Lebenszusammenhang zurückgeben zu können. Pointiert ist das Grundverständnis einer Pflegeelternschaft dahingehend zu charakterisieren: Die Pflegeeltern müssen in der Erziehung des Kindes ständig darauf bedacht sein, sich überflüssig machen zu können.
Dieser Konzeption von Pflegeelternschaft entspricht die derzeitige Rechtslage der leiblichen Eltern des Kindes. Sofern sie noch das Sorgerecht für ihr Kind besitzen, sind sie jederzeit dazu berechtigt, es aus der Pflegestelle herauszunehmen und zu sich zurückzuholen, auch wenn dies pädagogisch gesehen zur Unzeit geschieht. Nach geltendem Recht (§ 1666 BGB) kann Eltern nur dann das Sorgerecht entzogen werden, wenn ihnen "grober Mißbrauch des Gewaltrechts, d. h. die Überwältigung des Kindes z. B. durch Mißhandlung oder krasse Formen sozialer Vernachlässigung"[111] vorgeworfen werden kann. Seit Jahren bereits bemühen sich Sachverständigenkommissionen, das Pflegeverhältnis gegen solche unzeitgemäßen Eingriffe der leiblichen Eltern in den Pflege- und Erziehungsvollzug des Kindes zu schützen und das Rück-

---

[110] v. STURM, Ch., 1971, S. 111
[111] PETRI, H., 1971, S. 40

nahmerecht durch den Abschluß von Dauerpflegeverträgen zu Beginn des Pflegeverhältnisses einzuschränken. Ein solcher Pflegevertrag soll Eltern an ihr Versprechen binden, innerhalb einer genau vereinbarten Zeitspanne auf ihr Rücknahmerecht zu verzichten. Bisher wurden solche Gesetzesentwürfe, wie sie z. B. das Jugendamt Berlin schon 1954 vorlegte, noch nicht rechtskräftig.[112]

Aus dem Recht der leiblichen Eltern, ihr Kind wieder zu sich zu nehmen, sobald sich ihre familiären Verhältnisse gebessert haben, leitet sich der prinzipielle Auftrag an Pflegeeltern ab, das Kind auf eine spätere Rückkehr in die eigene Familie vorzubereiten. Pflegeeltern sind angehalten, die Beziehungen des Kindes zu seinen leiblichen Angehörigen nicht nur zu tolerieren, sondern darüber hinaus dafür Sorge zu tragen,

> "daß die oft nur losen Verbindungen des Kindes zu seinen leiblichen Eltern erhalten bleiben, und wenn möglich, tragfähiger werden."[113]

Dieser behördliche Auftrag konfrontiert Pflegeeltern mit einer Erwartungshaltung, die in der Regel sehr diskrepant zu ihren eigenen Erwartungen an das Pflegeverhältnis erlebt wird, und zwingt sie zu einem Selbstverständnis, das von der kulturellen Elternrolle stark abweicht. BLANDOW[114] umschreibt die Laienerwartungen von Pflegeeltern mit dem Bedürfnis, das Kind so in die eigene Familie zu integrieren, daß es sich nicht mehr durch seine Vergangenheit belastet fühlt, und in seinem Zugehörigkeitsgefühl nicht ständig durch die Erinnerung an seine leiblichen Eltern irritiert wird. Bestätigung und Befriedigung in ihrer Elternrolle gewinnen Pflegeeltern aus dem Bewußtsein, daß das Kind ausschließlich ihre elterliche Zuwendung sucht und braucht. Das Recht leiblicher Eltern, sich in die Pflege und Erziehung des Kindes einzumischen, und die durch das Amt repräsentierte Forderung an Pflegeeltern, das Kind in affektiver Abhängigkeit zu seinen leiblichen Eltern zu halten und nicht zu stark an ihre eigene Person zu binden, widersprechen dem allgemeinen Verständnis von autonomer, engagierter und auch befriedigender Elternschaft. Pflegeeltern sehen sich mit einer Aufgabe konfrontiert, die pädagogisch schwierig zu meistern und psychologisch schlecht zu verkraften ist: Auf der einen Seite sollen sie für das Kind wirkliche Eltern sein, ihm soviel Liebe und Zuwendung entgegenbringen, daß es sich ganz 'zu Hause' fühlen kann; gleichzeitig müssen sie aber die Distanz zum Kind betonen, es auf seinen Status als 'Gastkind' vorbereiten und innerlich bereit sein, sich von ihm zu lösen. Für sie persönlich bedeutet dies, daß sie sich als Eltern riskieren müssen mit all den dazugehörigen Gefühlen, Glücksempfindungen, Freuden,

---

[112] ROESTEL, G., 1974, S. 52–56
[113] Empfehlungen zum Pflegekinderwesen, 1967, S. 40 f.
[114] BLANDOW, J.: Rollendiskrepanzen . . ., 1972, S. 50

Enttäuschungen und Verzichtleistungen, ohne zu wissen, ob das Kind wirklich ihr Kind bleiben wird. An dieser Stelle drängt sich die Frage auf, ob sich eine so altruistische Elternschaft überhaupt mit der Intensität wirklicher Elterngefühle vereinbaren läßt.

Wie sehr die zeitliche Begrenztheit des Pflegeverhältnisses den pädagogischen Erfolg gefährdet, und welche psychologische Belastung für Pflegeeltern mit der Ungewißheit, ob das Kind in der Familie verbleiben darf, verbunden ist, deutet folgendes Fallbeispiel an:

Michael war ein sehr verhaltensgestörtes Kind, als er mit fünf Jahren in die Pflegefamilie W. kam. Frau W. schildert seine früheren Störungen folgendermaßen: "Michael war ein Kind, das immer auf der Flucht war, das niemanden um etwas bat und ständig Angst hatte." Ganz langsam machte Michael Fortschritte: Michael fängt an, mit seinen Geschwistern zu spielen; Michael schmiegt sich gern an seine Pflegemutter an; Michael hat sein erstes Bild gemalt – zwei lachende Kinder in einem gelben Quadrat. Heute ist Michael nach Frau W.'s Angaben nahezu frei von Angstsymptomen. Wenn er mit seinen jetzigen Geschwistern zusammen spielt, ist nichts mehr von seiner früheren Gehemmtheit und mißtrauischen Zurückhaltung zu erkennen. Aber jetzt meldet sich wieder Michaels Mutter, die noch vor kurzem vor Gericht stand, weil sie ihr jüngstes Kind krankenhausreif geschlagen hat. Frau W. meint zu dieser veränderten Situation: "Wenn die Mutter Michael wiederhaben will, ich kann das gar nicht zu Ende denken. Wir haben Michael vom ersten Tag an als unser Kind angesehen, sonst hätten wir das gar nicht geschafft."[115]

Die Dreiecksbeziehung leibliche Eltern – Kind – Pflegeeltern schafft noch in einer weiteren Hinsicht Konflikte, die ein Pflegeverhältnis leicht überstrapazieren können. Pflegemutter und leibliche Mutter können sich als um die Liebe des Kindes rivalisierende Partner verstehen. In Gegenwart der leiblichen Mutter des Kindes fühlen sich Pflegemütter häufig verunsichert. Biologische Mutterschaft stellt in unserer Gesellschaft einen hohen kulturellen Wert dar, und die Schwangerschaft gehört im traditionellen Bewußtsein der Frau so wesensmäßig zu einem erfüllten Muttersein, daß der unbiologische Weg, Mutter zu werden, als zweitrangig und minderwertig erlebt wird.[116] Besonders die Pflegemutter, die infolge von Sterilität keine eigenen Kinder bekommen kann, hat gegenüber der leiblichen Mutter ihres Pflegekindes Gefühle der Unzulänglichkeit und des Versagens.[117] An diesen Minderwertigkeitsgefühlen machen sich auch ihre Ängste fest, daß die Bindung des Kindes zu seiner Mutter durch 'Blutsbande' und durch frühe Mutter-Kind-Kontakte gefestigter und tiefer fundiert ist, als dies jemals durch gute Pflege und den persönlichen Einsatz einer 'Sozialmutter' erreichbar ist. Die Angst, das Kind wieder an seine Mutter zu verlieren, aktualisiert sich bei jedem

---

115 Dieses Fallbeispiel ist dem „Oldenburger Sonntagsblatt" 1/1976 entnommen.
116 Edelmann, H., a. a. O., S. 11
117 Ders., S. 17

Besuch der Mutter und wächst in dem Maße, wie sich die affektive Bindung des Kindes zu ihr neu festigt. Der amtliche Auftrag an die Pflegemutter, das Kind zu seiner Mutter hin zu erziehen,[118] kostet ein erhebliches Maß an Selbstverleugnung und Verzicht eigener Besitzansprüche auf das Kind und verlangt emotionale Ausgeglichenheit auf seiten der Pflegemutter. Viele Pflegemütter sind aber durch die Tatsache, die Liebe des Kindes mit der leiblichen Mutter teilen zu müssen, emotional überfordert. WIDEMANN beschreibt als typische Reaktion von Pflegemüttern auf diesen Beziehungskonflikt die Flucht in die 'paradoxe Kommunikation',[119] die sich z. B. in der Form äußern kann, daß die Pflegemutter verbal ihre Freude darüber beteuert, daß sich die Mutter weiterhin um guten Kontakt zu ihrem Kind bemüht, Stimme und Geste aber negieren diese Aussage und verraten dem Kind ihre Betroffenheit über diese Tatsache. Auf diese Weise wird das Thema 'Mutter' allmählich mit einem unausgesprochenen Tabu belegt, an das Pflegekind und Pflegemutter aus Angst vor gegenseitiger Verletzung nicht mehr zu rühren wagen.[120]
LANGE führt aus, daß das Tabu über das Thema der leiblichen Eltern eine sehr beunruhigende Situation für ein Kind schaffen kann. In jüngeren Jahren spielt das Bedürfnis des Kindes, seine leiblichen Eltern kennenzulernen, eine untergeordnete Rolle.

"Es ist dem jüngeren Kind gleichgültig, wenn es weiß, daß irgendwo noch Leute existieren, die 'de jure' seine 'richtigen' Eltern sein sollen, wenn es in den Ersatzeltern gute 'De-facto-Eltern' gefunden hat."[121]

Mit zunehmendem Alter aber fühlt es sich durch das 'Elterngeheimnis'[122] verunsichert. Besonders aktuell wird das Interesse an den leiblichen Eltern in der Pubertätskrise. In dieser Zeit der Ich-Findung und beginnenden Verselbständigung gewinnt das Wissen um die Persönlichkeit der Abstammungseltern eine entscheidende Bedeutung für den Aufbau einer stabilen Ich-Identität und eines stabilen Selbstwertgefühls.

"Ohne Klarheit über die eigene Herkunft finden sich diese Kinder gewissermaßen in sich selbst nicht mehr zurecht, ein Zustand, der schließlich zu einem unerträglichen Gefühl der Selbstunsicherheit führen muß und zu den daraus resultierenden neurotischen Kompensationsmechanismen."[123]

Neben dem Versuch, die leibliche Mutter im Pflegeverhältnis zu verschweigen, können Pflegemütter zu einer anderen Abwehrtechnik greifen, um der

---

[118] v. STURM, Ch., a. a. O., S. 112
[119] vgl. dazu die Definition von WATZLAWICK, P. u. a.: Menschliche Kommunikation, Bern 1971, S. 171 ff.
[120] WIDEMANN, P., 1974, S. 111
[121] LANGE, U., a. a. O., S. 64
[122] DÜHRSSEN, A., 1958, S. 48
[123] LANGE, U., a. a. O., S. 67

Konkurrenz standhalten zu können. So versuchen Pflegemütter häufig, ihre Position dem Kind gegenüber aufzuwerten, indem sie die Mutter in den Augen des Kindes degradieren, sich abfällig über ihren Lebenswandel äußern, oder die Tatsache, daß sie ihr Kind verlassen hat, ins Bewußtsein heben. Diese Art, Ersatzmuttergefühle auf Kosten einer Herabsetzung der leiblichen Mutter zu kompensieren, hat schwerwiegende psychologische Folgen für das Kind. Sie kommt einer Stigmatisierung des Kindes gleich, die ihm mit zunehmender Einsichtsfähigkeit bewußt wird. Im Bewußtsein, eine Mutter zu haben, die es verlassen hat oder die 'nichts taugt', sieht es sich mit einem Makel behaftet, der es wenig liebenswert für andere macht. Damit ist aber gerade die Basis für eine vertrauensvolle Anlehnung des Kindes an seine Pflegemutter gefährdet.[124]

Aber auch die leibliche Mutter hat Gründe, Minderwertigkeitsgefühle gegenüber der Pflegemutter ihres Kindes zu empfinden. Ein gutes Einvernehmen zwischen Pflegemutter und Kind und die erzieherische Tüchtigkeit einer Pflegemutter werden oft als indirekter Vorwurf erlebt, in der Mutterrolle versagt zu haben. Um dieses Versagen wiedergutzumachen, überhäufen schuldbewußte Mütter ihr Kind dann mit Liebesbezeugungen und materiellen Geschenken, wobei ganz vergessen wird, daß das Kind dadurch in seinen emotionalen Zuordnungsschwierigkeiten und Loyalitätskonflikten verstärkt wird.

Der Kontakt zu den leiblichen Eltern kann nicht nur für die Pflegeeltern eine starke Belastung bedeuten, sondern auch den Eingliederungsprozeß des Kindes in die Pflegefamilie empfindlich stören. Geht man davon aus, daß ein bestehendes Pflegeverhältnis bereits zu einer stabilen Bindung des Kindes an seine Pflegeeltern geführt hat, so wird dieses Verhältnis bei Einbeziehung der leiblichen Eltern in den Orientierungsrahmen des Kindes dadurch gefährdet, daß das Kind sich nun nicht mehr ganz sicher fühlen kann, daß es bei seinen Pflegeeltern bleiben darf. Dies muß ohne Zweifel die latent wohl bei jedem Pflegekind vorhandenen Trennungs- und Verlassenheitsängste neu aktualisieren und eine ernste Vertrauenskrise hervorrufen. Die erneute Begegnung mit den leiblichen Eltern kann beim Kind aber auch starke Heimwehreaktionen auslösen und dazu führen, daß es sich in der Ersatzfamilie fremd fühlt und die Zuwendung seiner Pflegeeltern abwehrt. Nach Muss sind solche Reaktionen bei Kindern auch dann zu erwarten, wenn sie bisher nur Ablehnung durch ihre Eltern erfahren haben.[125] Die Tatsache, daß sich zwei Elternpaare gleichzeitig um das Kind bemühen, kann ihm aber auch eine gewisse Souveränität verleihen. Gerade, wenn das Verhältnis zwischen leiblichen Eltern und Pfle-

---

124 Ders., S. 68
125 Muss, B.: Elternberatung . . ., 1975, S. 284

geeltern gespannt ist, wird es dann versuchen, die beiden Parteien gegeneinander auszuspielen und für seine Bedürfnisse auszunutzen.[126] Damit weicht es einem wichtigen sozialen Lernprozeß aus. Während das leibliche Kind lernen muß, "die Eltern in ihrer Doppelrolle als zugleich gewährende und verbietende Instanz hinzunehmen",[127] kann sich das Pflegekind dieser Realität entziehen. Die Erfahrung, daß neben der Pflegemutter eine leibliche Mutter existiert, zu der man sich in kritischen Zeiten flüchten kann, ermöglicht dem Kind, sich innerlich unabhängiger zu fühlen und die erzieherischen Ansprüche seiner Pflegemutter zu relativieren und für unmaßgeblich zu erklären.

Eine Pflegemutter schildert dieses Taktieren ihres Pflegekindes so:

> "Sollte er mit seinem Taschengeld auskommen, was ihm schwerfiel, steckte sie (die Mutter) ihm Geld zu. Ging er nicht zur Schule, schrieb sie ihm Entschuldigungen. Überhaupt, wenn es hier bei uns unangenehm wurde, weil ich eine gewisse Kontrolle ausübte, wich er zu ihr aus. Wurde es dort kritisch, tröstete er sich bei uns."[128]

Diese Reaktionsweisen stützen die These von LANGE ab, daß intensive Beziehungen des Kindes zu zwei Elternparteien nicht ohne ständige Konflikte bestehen können, und daß sich eine enge Bindung zwischen Pflegeeltern und Kind nur realisieren läßt, wenn kein echtes Eltern-Kind-Verhältnis mehr besteht.[129] Die in diesem Kapitel dargestellten Konfliktmöglichkeiten lassen sich alle ableiten aus der antinomischen Grundstruktur der Institution 'Pflegefamilie', einerseits dem Interesse der leiblichen Eltern Rechnung zu tragen, im Pflegeverhältnis nicht tabuisiert zu werden (dem korrespondiert auch ein gewisses Herkunftsinteresse des Pflegekindes), andererseits aber dem Grundbedürfnis des Kindes nach einer emotional stabilen Beziehung nachzukommen. Dieser Interessenskonflikt läßt sich auch dahingehend bestimmen, daß die Pflegefamilie – nimmt sie den ihr von Amts wegen vorgeschriebenen Ersatzcharakter ernst – als eine Institution 'auf Zeit' genau das erreichen soll, was die biologisch fundierte Familie aufgrund ihres zeitunabhängigen Status viel leichter zu erreichen in der Lage ist: von keiner Abbruchsmöglichkeit bedrohte emotionale Stabilität. Wenn man bedenkt, daß die überwiegende Mehrzahl der Pflegekinder mehr oder weniger bewußt die Erfahrung mindestens einer Abbruchssituation hinter sich haben, so wird erst recht deutlich, wie sehr die Hineinnahme des Zeitfaktors ein Pflegeverhältnis belasten muß, d. h. wie sehr dadurch immer wieder die Gefahr provoziert wird, daß das Kind in ein totales Mißtrauen gegenüber Beziehungsangeboten zurückfällt.

---

126 LANGE, U., a. a. O., S. 70
127 ROSS, A. O., a. a. O., S. 181
128 BADURA, M., 1975, S. 15
129 LANGE, U., a. a. O., S. 71

Will man das Pflegeverhältnis nicht ganz umwandeln in ein Adoptivverhältnis, dann ist dieser Konflikt nicht aufhebbar. Sein Spannungsfeld bestimmt jede Pflegefamilie und belastet vor allem die Pflegeeltern. Ihnen ist in dieser Situation nicht ausschließlich mit einer Beratung gedient. Beratung kann das Problemfeld zwar durchsichtiger machen, sie vermag aber nicht die Spannung aufzulösen. Es sollten über die Beratung hinaus Möglichkeiten geschaffen werden, den Pflegeeltern im Ertragen dieses Konflikts beizustehen und den Prozeß verständnisvoll zu begleiten. Dies erscheint um so nötiger zu sein, als sich bei der Erörterung der Rivalitätsempfindungen gezeigt hat, wie schwer es Pflegeeltern weithin fällt, sich auf ihre Rolle als Elternersatz emotional einzustellen.

5.3 Der erschwerte Eingliederungsprozeß des Pflegekindes – Unausgewogenheit gegenseitiger Erwartungen

Die sozio-emotionalen Schäden und Auffälligkeiten des ehemaligen Heimkindes oder des gestörten Familienkindes – besonders aber seine begrenzte Fähigkeit, tiefere Bindungen einzugehen – erschweren dem Kind die Eingliederung in die Pflegefamilie. Das Kind, das eine fehlgelaufene Sozialisation erfahren mußte, ist zunächst auch für stabile, pädagogisch fähige Ersatzfamilien eine große Belastung. Es stellt Pflegeeltern vor eine schwierige heilpädagogische Aufgabe. Pflegeeltern müssen im Grunde genommen die 'Soziabilisierung'[130] des Kindes neu leisten, ihm die Grunderfahrungen des geborgenen Familienkindes nachholend vermitteln und ihm tragfähige Eltern-Kind-Beziehungen anbieten. MEHRINGER formuliert als zentrale Aufgabe von Pflegeeltern, daß sie den Versuch unternehmen müssen, durch eine stetige, verläßliche Nach-Erfahrung das 'Urmißtrauen' in 'Urvertrauen' zu verwandeln und dem Kind das Gefühl des vorbehaltlosen Angenommenseins zu geben. Für das sozial geschädigte Kind sind seine Verwahrlosungssymptome "der wertvollste Besitz". Es gibt seine Abwehrmechanismen und pathologischen Lebenstechniken nur auf, wenn es die reale Erfahrung macht, daß sich die Bindung an eine Person lohnt, und es Anerkennung und Zuwendung nicht durch inszeniertes, auffälliges Verhalten erzwingen muß. Es muß zuerst systematisch lernen, positiv-emotionale Beziehungen und ungestörte Interaktionsformen zu entwickeln.[131]
Die Forderung an Pflegeeltern, das Kind trotz – oder gerade wegen – seiner Störungen anzunehmen und es "durchgehend spüren zu lassen, daß es ein

---

[130] vgl. hierzu die Ausführungen von CLAESSENS, D., 1962, S. 24 f.
[131] MEHRINGER, A., 1975, S. 19 und S. 8

uneingeschränkt geliebtes Familienkind ist",[132] ist schwer einzulösen. V. LANDENBERG bezeichnet sie, besonders wenn es sich um ein bereits älteres Pflegekind handelt, als illusionäre und realistisch gesehen nicht leistbare Verpflichtung, die Pflegeeltern "in eine unlösbare Situation bringt." Zumindest gelingt die Bindung zum Kind nicht so spontan, wie Pflegeeltern es sich wünschen und von sich erwarten.

"Par distance bei ersten Kontakten scheint das . . . möglich. Das 'Kindschema' scheint genügend ausgeprägt, um zunächst allgemeinere, instinktgebundene, später individuell differenzierte, bergende Liebe zu provozieren. Bei näherem Zusammenleben stellt sich heraus, daß entscheidende Voraussetzungen für diese emotionale Reaktion fehlen . . ., daß das anfänglich gesehene 'Kindschema' ohne den Hintergrund der gemeinsamen Lebensgeschichte für eine stabile Gefühlsbeziehung nicht ausreicht, daß im Zuge der unausbleiblichen Konflikte auch emotionale Ablehnung bei den Eltern auftaucht."[133]

Ein Kind, das einer Familie zur Pflege anvertraut wird, kommt in eine Institution, die schon ausführlich dargestellt (vgl. S. 18 ff.) – ihrerseits durch eine Fülle von Konfliktmöglichkeiten bedroht ist, die sich aus ihrer Aufgabe ergibt, ihren Mitgliedern inmitten von Entfremdungserscheinungen so etwas wie einen emotionalen Schonraum zu bieten. Da dieser familiäre Intimbereich immer wieder gegen Einflüsse von außen verteidigt werden muß, ist anzunehmen, daß Störungen des familiären Friedens, die durch ein Mitglied der Familie provoziert werden, als besonders belastend empfunden werden. Es ist also davon auszugehen, daß jede Familie, die bei sich ein Pflegekind aufnimmt, d. h. ein fremdes Kind zu einem Familienmitglied macht, an dieses die Erwartung stellt, daß es ihren prinzipiell anfälligen und labilen Grundbestand nicht gefährdet. Die Kleinfamilie mit ihrer hohen Störanfälligkeit kann sich auf die Dauer ein Pflegekind, das Fremdkörper bleibt, nicht leisten. Der soziale Eingliederungsprozeß des Kindes in die Pflegefamilie ist aber sehr komplex und kann nicht konfliktfrei verlaufen. Er bedeutet für das Kind eine biographische Zäsur.[134] Alte Bindungen, Gewohnheiten müssen abgebrochen werden, das Kind muß sich an eine neue soziale Umwelt anpassen, auf neue Interaktionspartner einstellen und sich an die expliziten oder indirekt nahegelegten Verhaltensmuster, Rituale, Wertorientierungen in einer ihm fremden Familie gewöhnen. Die Umstellung gelingt grundsätzlich um so leichter, je ähnlicher die Beziehungen und Kontakte des Herkunftsbereichs des Kindes denen in der Pflegefamilie sind. In der Regel sind Pflegekinder aber aufgrund ihrer früheren Lernumwelt schlecht auf das Rollenspiel in der Pflegefamilie vorbereitet. Das gilt in besonderem Maße für das Pflegekind aus einem subkulturellen Familienmilieu, das nicht gelernt hat, die Verhaltenserwartungen,

---

[132] EDELMANN, H., a. a. O., S. 111
[133] v. LANDENBERG, K., 1974, S. 356 f.
[134] WIDEMANN, P., a. a. O., S. 113

Umgangsformen und Normen zu antizipieren, die für seine Position in einer der Mittelschicht angehörigen Pflegefamilie konstituierend sind. Ähnliche Schwierigkeiten, sich in die Rolle eines Familienkindes einzufinden, sind beim langjährigen Heimkind zu vermuten, das bei einem ständig wechselnden Pflegepersonal nicht gelernt hat, sich emotional verbindlich auf feste Bindungspartner einzulassen und sich mit konstanten erzieherischen Wertvorstellungen zu identifizieren. Erschwert ist der Eingliederungsprozeß des Kindes durch seine herabgeminderte Fähigkeit, sich in die Bedürfnisse anderer einzufühlen, und durch seine Ichhaftigkeit und egoistische Grundhaltung, die aus dem Gefühl resultieren, zu kurz gekommen zu sein, und die sich in der ständigen Suche nach Beachtet- und Bevorzugtwerden und in heftigen Rivalitäts- und Eifersuchtsgefühlen gegenüber Gleichaltrigen manifestieren. Mehringer zeichnet das typische Sozialverhalten emotional gestörter Kinder folgendermaßen:

"Die Kinder sind lange 'affektiv unersättlich', und man hat immer das Gefühl, das Nachfüttern mit Geborgenheit, Sicherheit gelingt nicht mehr ganz. Es bleibt eine Unfreiheit, Unsicherheit, ein autistisches Verhalten. Sie haben es, größer werdend, immer nötig, immer wieder in aufregender Weise auf sich aufmerksam zu machen. Das zeigt sich beim Spiel und Zusammenleben mit anderen: sie streiten übermäßig viel, wollen alles haben, was die anderen haben, zeigen sich 'boshaft', zerstören gern, ordnen sich nicht ein . . ."[135]

Die Sonderstellung, die das Pflegekind in der Familie beansprucht und auch aufgrund seiner Anpassungsschwierigkeiten real einnimmt, belastet das familiäre Gleichgewicht erheblich. Dazu möchten wir ein Fallbeispiel anführen:

Als Klaus mit fünf Jahren in die Pflegefamilie E. kommt, ist er entwicklungsmäßig noch etwa auf dem Niveau eines Zweijährigen. Er kann nur unvollständige "Rätselsätze" sprechen, näßt und kotet ein. Von zu Hause her war Klaus anscheinend nicht an warmes Essen gewohnt. Folglich spielen sich die gemeinsamen Mahlzeiten anfangs ziemlich dramatisch ab. Klaus weigert sich zu essen, oder ißt so gierig, daß er sich über und über beschmiert.

Das größte Problem aber ist, daß Klaus unter einem traumatischen Schockerlebnis steht. Er hatte erleben müssen, daß seine Mutter, mit der er bisher zusammenlebte, und die nach ihrer Ehescheidung Alkoholikerin wurde, neben ihm an einer Alkoholvergiftung verstarb. Seitdem lebt Klaus in der panischen Angst, daß seine Pflegemutter, die er spontan als seine zweite Mutter akzeptierte, ihn auch verlassen könnte. Er hängt sich ständig an sie und wagt nicht, räumlich getrennt von ihr zu spielen. Wenn Frau E. sich nachmittags etwas hinlegen möchte, verkriecht sich Klaus unter einem Möbelstück und bewacht sie. Frau E. gesteht in einem Pflegeelterngesprächskreis, daß sie unendlich viel Zeit und Geduld braucht, um Klaus die ganz alltäglichen Fertigkeiten beizubringen, die ein Kind seines Alters beherrschen muß: sich allein anziehen, einigermaßen sauber essen etc. Abends ist sie oft ganz zermürbt, und viele Dinge, die sie tagsüber erledigen wollte, bleiben liegen. Am meisten fühlt sie sich aber dadurch gestört, daß Klaus sie so eifersüchtig in Beschlag nimmt, daß sie sich nicht mehr genügend um ihre eigenen

[135] Mehringer, A., 1967, S. 22

Kinder kümmern kann. Täglich kommt es zu Eifersuchtszenen zwischen Klaus und seinen neuen Geschwistern.

Die Aufgabe, ein Pflegekind in ein bestehendes Familiengefüge zu integrieren, erfordert von den Familienmitgliedern Toleranz, Rücksichtnahme, persönliche Verzichtleistungen und ein flexibles Eingehenkönnen auf veränderte Situationen. BLANDOW sieht die spezifische Belastung der Pflegefamilie gegenüber der biologisch fundierten Familie mit dem Tatbestand gegeben, daß sie erst den Spannungsausgleich und das solidarische Zusammengehörigkeitsgefühl schaffen muß, die sich in einer intakten natürlichen Familie bereits eingespielt haben. Die Harmonie in einer Familie ist durch ein ausgeglichenes Wechselspiel emotionaler Beziehungen gewährleistet. Ein Pflegekind mit seinen emotionalen Defiziten greift nun aber ganz erheblich in die relative Ausgewogenheit des familiären Beziehungsgeflechts ein. Sein Nachholbedarf an Zuwendung bedeutet eine deutliche Schwerpunktverlagerung emotionaler Orientierung innerhalb der Familie. Daraus ergeben sich Konflikte, da Kinder die Tatsache, daß sich die Zuwendung der Eltern hauptsächlich auf ein Kind konzentriert, und ihrer Person weniger Aufmerksamkeit geschenkt wird, psychisch schlecht bewältigen. In Hamburg scheiterte deshalb das 1974 gestartete sozialpädagogische Experiment, in dem bis zu sechs Heimkinder in einem Verbund von intakten Kleinfamilien Aufnahme finden sollte, an der Konkurrenzsituation zwischen den Pflegekindern und den leiblichen Kindern der Modell-Eltern. Während sich die ehemaligen Heimkinder erstaunlich rasch eingewöhnten, reagierten die leiblichen Kinder auf die veränderte Familienkonstellation mit so schweren Verhaltensstörungen, daß der Versuch mit Rücksicht auf ihre psychische Verfassung abgebrochen werden mußte.[136] Auch Pflegeeltern selbst können ein totales Inanspruchgenommensein durch das Pflegekind schuldhaft ihren eigenen Kindern gegenüber empfinden und das Kind wegen seines Egoismus' innerlich ablehnen.

Das Zusammengehörigkeitsbewußtsein und die Gruppenidentität der Mitglieder einer Familie basiert andererseits auf einer Reihe gemeinsam geteilter Wertvorstellungen, Handlungsorientierungen, Interaktionsformen, Gewohnheiten, Familienfesten. Diese verbindlichen Gemeinsamkeiten, die den Familiengliedern selbstverständlich sind, werden nun konfrontiert mit der eigenen Erfahrungswelt des Pflegekindes, die sich in einem anderen Normverständnis, anderen Reaktionsweisen und Gewohnheiten aktualisiert. Um das Kind in die Familie integrieren zu können, "müssen neue Gemeinsamkeiten entwickelt oder gefunden werden, und ältere Bedingungen abgebaut oder umdefiniert werden."[137] In dem Maße aber, wie ein Pflegekind eine Familie

---

[136] SPITZHÜTTL, R., 1976

[137] BLANDOW, J.: Rollendiskrepanzen . . ., 1972, S. 45 f.

ungewollt zwingt, ihre inneren Voraussetzungen umzugestalten, stellt es eine Belastung dar. Eine Familie, die gegenläufigen Bedürfnissen gerecht werden und erst mühsam zu einem neuen Gleichgewicht finden muß, versagt zunächst in ihrer originären Aufgabe, Raum zu sein, in dem der einzelne Entlastung und Entspannung von Außenzwängen findet, und in dem man sich emotional gehen lassen kann.
An dieser Stelle muß auf die Gefahren der Konfliktverschärfung hingewiesen werden, die dann akut werden, wenn zu diesen Schwierigkeiten eines 'normalen' Pflegeverhältnisses spezielle 'familiäre Deprivationen' treten, die vielleicht erst das auslösende Motiv für die Aufnahme eines Pflegekindes waren. Die Erwartung etwa, daß ein Pflegekind eine Ehe retten kann, vernachlässigt nicht nur das Eigenbedürfnis des Kindes, seinen sozialen und emotionalen Nachholbedarf zu decken, sondern verkennt auch die zusätzliche Gefährdung des familiären Schonraumes durch die Konfrontation mit der fremden Erlebniswelt des Kindes.
Den Schwierigkeiten des Kindes, sich in den gewohnten Alltagsrhythmus der Familie einzupassen, entspricht seine anfängliche Unfähigkeit, sich emotional in die Familie zu integrieren und bereit zu sein, die Pflegeeltern affektiv zu bejahen. Das emotional gestörte Kind kann aktiv wenig dazu beitragen, gegenseitig befriedigende Beziehungen aufzubauen. Es fordert in erster Linie, drängt zum Ausagieren, belastet Beziehungen mit der Hypothek seiner negativen Vorerfahrungen, mit Ambivalenzen und aggressiven Abwehrhaltungen. Pflegeeltern müssen häufig erfahren, daß ihre intensiven Bemühungen, verständnisvolle Geduld, Opferbereitschaft anfangs nur auf Abwehr oder Desinteresse beim Kind stoßen. Sie erleben sich lange Zeit nur in der Rolle der Gebenden.
Für Kinder, die erfahren haben, daß eine befriedigende Beziehung abrupt abgebrochen wurde, oder die Ablehnung erfuhren, signalisiert die Zuwendung und das Liebesangebot von Pflegeeltern die Gefahr erneuter Enttäuschung und erneuter Verlassenheit, und sie wehren sich dagegen mit massiver Aggression oder gespielter Gleichgültigkeit. Nach Muss stehen diese Kinder unter einem unbewußten Wiederholungszwang.

"Das Kind ist in einem Teufelskreis gefangen: Die Angst vor der Wiederholung der erfahrenen Ablehnung hindert es, auf das Liebesangebot einzugehen; da es aber so heftig abwehren muß, wonach es sich eigentlich sehnt, wird die Interaktion als eine Neuauflage der früher erlebten Zurückweisung wahrgenommen, ist extrem frustrierend und löst Aggressivität aus."[138]

Das aggressive Verhalten des Pflegekindes hat auch stark provokatorischen Charakter. Das Kind gibt sich betont negativ, um zu testen, ob die Zuwen-

---

[138] Muss, B.: Gestörte Sozialisation . . ., 1975, S. 81 f.

dung seiner neuen Eltern wirklich stabil und tragfähig ist. Schwierig ist auch der Umgang mit einem Kind, das ein sehr ambivalentes Elternbild entwickelt hat, wie es für das Scheidungskind symptomatisch ist. Seine Situation ist meistens durch besonders intensive emotionale Belastungen gekennzeichnet. Der Scheidung geht gewöhnlich eine längere Phase voraus, in denen die Familienatmosphäre gespannt ist, und Ehestreitigkeiten vor dem Kind ausgetragen werden. Häufig wird das Kind auch aktiv in der Rolle des 'Bundesgenossen'[139] oder des Schiedsrichters in die elterlichen Auseinandersetzungen miteinbezogen, und dazu mißbraucht, den Partner zu verletzen. Der Ehekonflikt zerstört die Beziehung des Kindes zu den Eltern als einer Einheit, und es fühlt sich in seiner Zuneigung zwischen Vater und Mutter hin- und hergerissen. Diese ambivalenten Gefühlsbeziehungen überträgt das Kind in der Pflegefamilie oft auf seine Pflegeeltern.[140]

Das Angriffsziel von Feindseligkeiten des Kindes zu sein und die Erkenntnis, daß das Kind, in dessen Entwicklung und Wohlbefinden sie derart viel an gutem Willen, positiven Gefühlen und pflegerischen Einsatz investiert haben, keine tiefere Zuneigung entwickeln kann, ist für Pflegeeltern schwer zu verkraften. Besonders betroffen sind Pflegemütter, die sich nicht in erster Linie in einer quasi professionellen Mutterrolle zum Kind sehen, sondern in ihm einen Ersatz für ein sehnlichst erwünschtes, eigenes Kind suchen, und die Zuwendung und Anerkennung des Kindes brauchen, um ihr eigenes psychisches Gleichgewicht und Selbstbewußtsein zu finden. 'Undankbarkeit' des Pflegekindes und die lange Zeit vergeblichen Hoffens auf Gegenliebe sind häufig genannte Abbruchsgründe eines Pflegeverhältnisses.[141]

Die Erfahrung, daß 'Liebe allein nicht genügt', um die Bindungsschwäche und mißtrauische Abwehrhaltung des emotional verunsicherten Pflegekindes aufzuheben, bedeutet auch eine spezifische Enttäuschung für die Eltern, die in einer Art 'Overprotection'-Haltung glauben, das Kind mit einem Übermaß an Zuwendung, Zärtlichkeit und Pflege alles Vorangegangene rasch vergessen machen zu können. BETTELHEIM betont in diesem Zusammenhang, daß das Kind, das an Beziehungen gescheitert ist und in seinem früheren Leben wenig erfahren hat, was sich als Grundlage für die Entwicklung stabiler Gefühlsbeziehungen eignet, sehr viel Zeit braucht, um eine enge Bindung überhaupt zu wollen. Es muß zunächst die Chance erhalten, die Phase seiner Sozialentwicklung nachzuholen, die biogenetisch vor dem Aufbau gegenseitiger Eltern-Kind-Beziehungen liegt: die 'objektlose Stufe', auf der es die Befriedigung seiner elementaren Bedürfnisse nach Nahrung, Schutz und affekti-

---

[139] RICHTER, H. E., 1963, S. 227 ff.
[140] SCHINK, H. D., 1973, S. 12
[141] vgl. Fallberichte von A. MEHRINGER in: MEHRINGER, A., 1975, S. 7

ver Wärme erfährt, ohne eine Gegenleistung dafür erbringen zu können. Der Wunsch des Kindes nach Zuwendung und dieser kleinkindhaften Abhängigkeit wird aber überlagert durch sein grundsätzliches Mißtrauen gegenüber Beziehungsangeboten, das aus seinen negativen Vorerfahrungen resultiert. Dieses Mißtrauen kann nicht durch vorschnelle Liebesbezeugungen überwunden werden, sondern nur durch die konstanten, verläßlichen Beweise von Pflegeeltern, daß sie es trotz seiner Verhaltensschwierigkeiten akzeptieren, und sein Status in der Familie gesichert ist. Durch ein Zuviel an Liebe und Bemutterung erreichen Pflegeeltern nur, daß das Kind Schuldgefühle und Gefühle der Wertlosigkeit entwickelt, weil es zur Dankbarkeit und Gegenliebe noch nicht fähig ist.[142]

Die in diesem Kapitel aufgezeigte Problematik, die sich aus dem Zusammentreffen des familiären Eigeninteresses nach einem auf Integration ausgerichteten Rollenverständnis vom Kind mit dem Faktum eines durchweg anpassungs- und bindungsschwachen Pflegekindes ergibt, läßt sich wiederum als antinomisches Konfliktfeld beschreiben. Will man es aus dem Blickwinkel des Kindes heraus formulieren, so stellt es sich dar als ein Spannungsverhältnis zwischen der Sehnsucht nach eindeutigen und stabilen Beziehungen und dem durch die Abbruchserfahrung geprägten Mißtrauen gegenüber aktuellen Liebesbezeugungen der Pflegeeltern. Dieses Spannungsverhältnis läßt sich nicht einfach dadurch entschärfen, daß von seiten der Pflegeeltern massive Liebesangebote gemacht werden, ohne die geringe emotionale Kapazität des Kindes zu berücksichtigen. Aus der Sicht der Pflegeeltern vollzieht sich dieser Konflikt als ein Balanceakt zwischen ihrem Bedürfnis, ein bestehendes Familiengefüge aufrechtzuerhalten, und ihrem heilpädagogischen Auftrag, das Kind "ausverwahrlosen"[143] zu lassen. In diesem Zusammenhang wird von pädagogischer Seite her betont, daß das emotional gestörte Kind ein "sorgfältig dosiertes" Maß an Liebe und Zuwendung benötigt.[144] Das pädagogische Dilemma von Pflegeeltern besteht aber gerade darin, daß sich die Kriterien für diese Dosierung der elterlichen Liebeszuwendung nicht angeben lassen und die affektive Ansprechbarkeit des Kindes enorm schwankt. Der Grad an Zuwendung, der eben noch den Bedürfnissen des Kindes angemessen war, kann in der nächsten Situation schon zuviel oder zuwenig sein, je nachdem, ob beim Kind der Wunsch nach emotionaler Anlehnung oder sein Mißtrauen überwiegt, was wiederum durch Assoziationen ausgelöst wird, die den Pflegeeltern weithin verborgen bleiben.

Ein Beispiel mag diese Situation einer dauernd neu erforderlichen Grenzzie-

---

142 Bettelheim, B., 1970, S. 27
143 Mehringer, A., 1975, S. 7 ff.
144 Widemann, P., a. a. O., S. 114

hung zwischen Zuwendung und Gewährenlassen, die ein Pflegeverhältnis ausmachen, verdeutlichen. Pfarrer R. berichtet, daß ihr sechsjähriges Pflegekind beim ersten Zusammensein zwar sehr rasch bekennt: "Ich will bei Euch kommen." Aber als es dann soweit ist, und die Heimreise mit dem Kind angetreten wird, fängt Ulli plötzlich an, mit den Füßen zu stampfen und wütend "Scheiße! Scheiße! Scheiße!" zu schimpfen. Zwischen diesen Extremreaktionen vollzieht sich in den nächsten acht Monaten die emotionale Ansprechbarkeit von Ulli, deren Unberechenbarkeit von den Pflegeeltern so wenig vorauszuahnen war, daß sie diese Zeit als einen "Kampf bis zur äußersten Erschöpfung" schildern. Frau R. meint rückblickend: "Nie in meinem Leben habe ich so viele Reserven aus mir herausgeben müssen, nie war ich so ausgepumpt, so erschöpft, wie in dieser ersten Zeit."[145] Solche Konflikte und Kämpfe sind im Pflegeverhältnis unvermeidbar. Manche Schwierigkeiten und auch Enttäuschungen ließen sich aber leichter ertragen, wenn Pflegeeltern die Gelegenheit hätten, sich in offenen Gruppengesprächen mit anderen gleichfalls Betroffenen auszusprechen.

6. Persönliche Verunsicherung für Pflegeeltern

Blickt man zurück auf die drei in den letzten Kapiteln beschriebenen Konfliktmöglichkeiten, denen ein Pflegeverhältnis ausgesetzt ist, so muß auffallen, daß die Schilderung jedes der drei Problemfelder in das Eingeständnis einmündet, hier handle es sich jeweils um ein Spannungsgefüge, dem nur bedingt durch aufklärende Beratung beizukommen ist, weil das Grundproblem der Pflegeeltern nicht schon dadurch ausgelotet ist, daß die Vorgänge im Pflegeverhältnis transparent gemacht werden. Die Situation der Pflegeeltern zeichnet sich durch eine grundsätzliche Verunsicherung aus, die daher rührt, daß Pflegeeltern in der Erziehung des Kindes auf gewohnte Sicherheiten und Rollenbefriedigungen verzichten müssen. Im konkreten Umgang mit dem Pflegekind zeigt sich häufig, daß die ursprüngliche Einschätzung eigener erzieherischer Fähigkeiten, persönlichen Durchhaltevermögens und psychischer Belastungsfähigkeit in die Krise gerät. Verhaltensunsicherheiten drohen zurückzuwirken auf die Selbsteinschätzung. Schwierigkeiten mit dem Kind wachsen sich zu persönlichen Konflikten aus. So lenkt dieses Kapitel die Aufmerksamkeit auf die Probleme, die Pflegeeltern aufgrund ihrer Erfahrungen in der Erziehung des Kindes mit sich selbst bekommen, d. h. Erfahrungen, die ihr Vertrauen in die eigene Stabilität widerlegen. Machen wir uns deutlich, welche gewohnte Sicherheiten und Rollenbefriedigungen im Pflege-

[145] Dieses Beispiel ist wiederum dem „Oldenburger Sonntagsblatt" 1/1976 entnommen.

verhältnis ausfallen, indem wir noch einmal die drei aufgezeigten Konfliktbereiche unter diesem Aspekt betrachten:

- Als Maßstab für die Beurteilung und Rechtfertigung eigener erzieherischer Qualitäten wird weitgehend die gesellschaftliche Wertskala in Anspruch genommen. Der Erziehungsanspruch der Gesellschaft muß aber mit Rücksicht auf die besondere Biographie und Schädigungen des Pflegekindes negiert werden. Von den gesellschaftlichen Erziehungsnormen abzuweichen, bedeutet aber für Eltern, in eine erzieherische Außenseiterposition abgedrängt zu werden, und den Verzicht auf Anerkennung des pädagogischen Einsatzes durch Nachbarschaft, Schule und weiterer Öffentlichkeit. Die Einstellung der Umwelt gegenüber Pflegeeltern ist überwiegend bestimmt durch Skepsis und Mißtrauen.
- Dem durch das Amt vertretenen Erziehungsziel, eine Stabilität des Pflegeverhältnisses zu erreichen, entspricht das persönliche Bedürfnis von Pflegeeltern, sich in ihrer neuen Elternrolle sicher fühlen zu können. Die Aussage einer Pflegemutter: "Wenn wir nicht wüßten, daß das Kind bei uns bleibt, könnten wir diesen Kampf nicht durchstehen", macht deutlich, wie sehr die Hoffnung, irgendwann doch zu einer 'normalen', d. h. der natürlichen Familie vergleichbaren und nicht durch zeitliche Grenzen belasteten Situation zu kommen, Pflegeeltern als psychologische Stütze dient. Dieses Wunschziel kollidiert aber – wie aufgezeigt – mit dem sozialpädagogischen Grundverständnis von Pflegeeltern als Eltern 'auf Zeit'. Auch in dieser Hinsicht wird Pflegeeltern gegenüber den leiblichen Eltern eines Kindes ein bedeutender Verzicht auf Sicherheit zugemutet. Daß dieser Verzicht an Sicherstellung Auswirkungen auf die Bereitschaft von Pflegeeltern hat, sich emotional voll zu engagieren und zu riskieren, kann hier nur als – allerdings naheliegende – Vermutung angefügt werden.

Die persönliche Sicherheit von Pflegeeltern wird darüber hinaus noch durch weitere Momente bedroht.

- Die Harmonie und die Solidarität in der Familie, die den Mitgliedern einen emotionalen Ausgleich für die Belastungen, Sachzwänge und Entfremdungen im außerfamiliären Bereich bieten und wesentlich dazu beitragen, daß der einzelne sein persönliches Gleichgewicht bewahren kann, werden durch ein Pflegekind – zumindest in der Anfangsphase – gefährdet. Nicht nur muß die relative Ruhe davor, sich im Hinblick auf die in der Familie praktizierten Wertvorstellungen und Gewohnheiten dauernd rechtfertigen zu müssen, einer Konfrontation mit einem oft konträren Rollenverhalten des Kindes weichen, sondern auch die beruhigende Gewißheit, in der Familie emotional nicht zu kurz zu kommen, ist in

Frage gestellt. Die Deprivationen des Kindes und sein Nachholbedarf an Zuwendung bringen die emotionale Ausgeglichenheit der Familie in Gefahr. Zusätzlich verunsichert wird das emotionale Klima in der Familie durch die Gefühlsoberflächlichkeit oder -sprunghaftigkeit des Kindes, die die Basis bilden für sehr ambivalente Affekte dem Kind gegenüber.

Angesichts dieser Anhäufung von Verunsicherungsmomenten, denen Pflegeeltern ausgesetzt sind, und ihres Verzichtenmüssens auf so fundamentale psychologische Stützen wie gesellschaftliche Anerkennung und familiären Frieden, sowie in Anbetracht der Tatsache, daß sich die zeitliche Dauer des Pflegeverhältnisses oft nicht bestimmen läßt, darf der Grad der Verunsicherung von Pflegeeltern nicht unterschätzt werden.
Das Dilemma, in dem sich Pflegeeltern befinden, wird in seiner vollen Tragweite aber erst deutlich, wenn man sich daran erinnert, was als Voraussetzung für die 'emotionale Fundierung' (vgl. S. 9 ff.) des Pflegekindes herausgestellt wurde: In der Pflegefamilie ist ein Klima erforderlich, das dem abbruchsgeschädigten Kind Mut macht, der Zuverlässigkeit der ihm angebotenen Beziehungen zu vertrauen. Es sind gerade die Qualitäten, die die Familie vor der Heimerziehung auszeichnen, und die mit Beharrlichkeit dem durch Trennungserfahrungen mißtrauisch gewordenen Kind aus der Atmosphäre der Selbstverständlichkeit heraus angeboten werden müssen – konstante und verläßliche Gefühlsbeziehungen. Pflegeeltern müssen im Umgang mit dem Kind genau die persönliche Ausgeglichenheit und Sicherheit zeigen, die ihnen aufgrund ihres Verzichtenmüssens auf pädagogische Erfolgserlebnisse, gesellschaftliche Anerkennung und emotionale Befriedigung in ihrer Rolle immer wieder verlorenzugehen drohen. Angesichts ihrer eigenen Unsicherheit und mit Rücksicht auf die Rückfallgefahr des Pflegekindes in das totale Mißtrauen müßte es Pflegeeltern ratsam erscheinen, sich selber in der Erziehung des Kindes möglichst weit zurückzunehmen, um jedes Einfließen eigener Verhaltensunsicherheiten in das störanfällige Pflegeverhältnis zu vermeiden. In diesem Sinne wird – zum Vergleich sei auf die Position BLANDOW's hingewiesen – gegen ein zu starkes persönliches Engagement der Pflegeeltern etwa im 'Mutter-Konzept' votiert, und ein eher distanzierterer, sachlich orientierter Umgang mit dem Kind befürwortet. Eine mehr verstandesbetonte Haltung geht aber wiederum auf Kosten einer spontanen, gefühlswarmen Beziehung zum Kind und trägt zu seiner erneuten emotionalen Verunsicherung bei.
Die Schwierigkeit, mit der sich Pflegeeltern konfrontiert sehen, soll verdeutlicht werden am Stichwort 'Enttäuschung'. Sehen wir einmal von den Enttäuschungen ab, die daraus resultieren, daß sich Pflegeeltern im Hinblick auf ihre gesellschaftliche Anerkennung im Stich gelassen fühlen, so sind im direkten Vollzug des Pflegeverhältnisses genügend pädagogische und persönliche Miß-

erfolge zu verkraften, so daß etwa das Zurückweisen eines Liebesangebots durch das Kind die Pflegeeltern enttäuschen muß. Diese Enttäuschung darf nun nicht einfach im Pflegeverhältnis ausgelebt werden, da sonst das Klima emotionaler Zuverlässigkeit und Geborgenheit verunsichert, und das Mißtrauen des Pflegekindes in die Tragfähigkeit von Beziehungen sofort wieder verstärkt würde. Die logische Konsequenz für Pflegeeltern wäre also, ihr emotionales Engagement in Zukunft mehr zurückzuhalten, sich selbst nicht mehr so sehr auf's Spiel zu setzen, um den eigenen Enttäuschungen besser gewachsen zu sein. Die persönliche Betroffenheit wäre nicht mehr so stark, wenn das Kind sich weigert, im Rahmen der Familie einen emotionalen Gegenpart zu übernehmen. Es würde auch leichter fallen, die vor dem Maßstab gesellschaftlicher Normen als pädagogische Mißerfolge erscheinende Schwierigkeiten nicht als persönlichen Affront verkraften zu müssen, und auch das Wissen, das Pflegekind nach einiger Zeit wieder abgeben zu müssen, wäre wahrscheinlich besser zu ertragen. Kann aber ein so gebremstes persönliches Engagement zu stabilen Bindungen führen?

Es mag deutlich geworden sein, wie sehr es gerade die persönlichen Unsicherheiten von Pflegeeltern sind, die den Erfolg eines Pflegeverhältnisses gefährden. Es ist deshalb für die spezifische Situation von Pflegeeltern von entscheidender Bedeutung, ob es gelingt, ihnen grundsätzliches Vertrauen in die eigene Erziehungsfähigkeit und persönliche Souveränität zu vermitteln.

Ein derartiges Stabilisierungsangebot für Pflegeeltern erfolgt zunächst von seiten einer Fachberatung. Die Beratungspraxis im Pflegekinderwesen zeigt, daß die Kontakte zu den Eltern noch überwiegend in beratenden Einzelgesprächen bestehen. Zu fragen ist, ob eine Individualberatung alle Bedürfnisse von Pflegeeltern abdecken und einen wirksamen Ausgleich für die vielfältigen Verunsicherungen bieten kann.

Hier kann nicht auf die wissenschaftliche Diskussion über Beratungsmodelle eingegangen werden, es sollen lediglich Vorbehalte aus der Sicht von Eltern aufgegriffen werden. Zunächst muß auf die im Bewußtsein von Pflegeeltern große Nähe des Fachberaters zum Amt aufmerksam gemacht werden, also zu der Institution, der gegenüber – wie BLANDOW[146] angibt – aus dem Zwang heraus, sich verantworten und rechtfertigen zu müssen, argumentiert wird. Hinzu kommt die Tatsache, daß ein Fachberater als Spezialist immer eine Außenseiterposition gegenüber dem allgemeinen gesellschaftlichen Bewußtsein einnimmt, so daß seine Verständnisbereitschaft kein Gegengewicht zu dem Grad der Verunsicherung schaffen kann, den die Eltern durch die geringe kulturelle Wertschätzung ihrer Rolle erleiden müssen. Die Solidarität,

---

[146] BLANDOW, J., 1972, S. 127

die der Fachberater anzubieten hat, wird mangels wirklich persönlicher Betroffenheit immer als mehr theoretisch empfunden.
In diesem Zusammenhang ist nun auf die Möglichkeiten von Gesprächskreisen mehrerer Pflegeeltern hinzuweisen, die der laufenden Verunsicherung von Pflegeeltern entgegenwirken und ein großes Maß an Stabilisierung zu leisten vermögen (vgl. S. 24 f.). Die Gruppe kommt den Eltern genau dort entgegen, wo für sie eine methodische Einzelberatung — wie eben aufgezeigt — die geringste Überzeugungskraft besitzt. Die Gruppe stellt sich dar als eine Gemeinschaft von Menschen, die alle in ähnlicher Weise durch die Probleme in einer Pflegschaft persönlich betroffen sind, die sich der gleichen Verunsicherung ausgesetzt fühlen und um die Schwierigkeit wissen, sich voll für das sozial gestörte Kind einzusetzen, ohne dabei auftretende Enttäuschungen und emotionale Ablehnungen im Pflegeverhältnis ausagieren zu dürfen. Die Gruppe bietet — in Ergänzung zur Fachberatung — eine Atmosphäre existentieller Solidarität. Sie repräsentiert ein Stück aufgeklärter und eingeweihter Gesellschaft und vermag somit in ganz spezifischer Weise den Eltern, die sich ohne persönliche Rückhalte in der Beziehung zum Kind selbst ganz wagen müssen, eine neue, kollektive Sicherheit zu vermitteln. Das verunsicherte Ich der Pflegeeltern wird solidarisch abgestützt durch die Gruppe existentiell gleich Betroffener, die die Schwierigkeiten des einzelnen nicht nur kennen, sondern auch in doppeltem Sinne 'mit-teilen': Sie tragen die pädagogischen Einzelentscheidungen durch Vor- und Nachgespräche mit und teilen sich gegenseitig ihre persönlichen Empfindungen, Ängste und Enttäuschungen mit und ermutigen somit dazu, interne Spannungen und Konflikte zu benennen, die sonst in den familiären Untergrund verdrängt oder in schädlicher Weise am Kind abreagiert würden.
Eine Gruppe von Pflegeeltern ist nicht einfach abzutun als eine Gemeinschaft von durch das Pflegeverhältnis Frustrierter. Sie bietet aus der Atmosphäre existentieller Solidarität heraus Ersatz für den Verzicht auf gewohnte Sicherheiten, in dem sie im Wissen um die besonderen Probleme mit Pflegekindern dort realistischere Maßstäbe vertritt, wo die Öffentlichkeit nach ihren Erziehungsnormen Anerkennung und Bestätigung verweigert. Sie kann auf der anderen Seite Resignationen und Enttäuschungen auffangen, indem sie zur Benennung von Schwierigkeiten ermutigt. Dadurch ermöglicht sie die kritische Distanz, die davor schützt, Konflikte einseitig als individuelles Versagen des Kindes oder der Familie zu interpretieren und sich in der Erzieherrolle zu verkrampfen. Der Rückhalt durch die Gruppe vermittelt mehr Sicherheit und Selbstbewußtsein in der Erziehung des Pflegekindes und gegenüber der Öffentlichkeit.

Literaturverzeichnis

ALHEIT, P., Eltern sein – ein sozialer 'Beruf', Zur 'Professionalisierung' der Elternrolle, in: G. STRUNK (Hrsg.), Elternbildung in Kirche und Gesellschaft, Materialien zur Elternbildung, H. 1, Münster 1974, S. 124 ff.

BADURA, M., Versuch, mit Thomas zu leben. Bericht eines Scheiterns, in: *Neuer Rundbrief* 3/1975, S. 11–19

BETTELHEIM, B., Liebe allein genügt nicht, Stuttgart 1970

BLANDOW, J., Erfolg oder Nichterfolg? Zur Verlaufsanalyse von Pflegeverhältnissen, in: *Neue Praxis* 1/1972, S. 189–198

BLANDOW, J., Rollendiskrepanzen in der Pflegefamilie, München 1972

BONHOEFFER, M., Totale Heimerziehung oder begleitende Erziehungshilfe, in: H. GIESECKE (Hrsg.), Offensive Sozialpädagogik, Göttingen 1973, S. 70–80

BONHOEFFER, M./WIDEMANN, P. (Hrsg.), Kinder in Ersatzfamilien, Stuttgart 1974

BOWLBY, J., Processes of Mourning, *Int. J. Psychoanal.* 42, 1961

BROCHER, T., Die Elternschule, in: G. BIERMANN (Hrsg.), Handbuch der Kinderpsychotherapie, Bd. 2, München 1971, S. 684–692

Bundesarbeitsgemeinschaft evangelischer Frauen-Bildungsstätten (Hrsg.), Lernen, Familie zu leben, Stein o. J.

BURLINGHAM, D./FREUD A., Kriegskinder, London 1949

GASLER, L., Perceptual Deprivation in Institutional Settings, in: NEWTON, G./LEVINE S. (Hrsg.), Early Experience and Behavior, Springfield, III, 1968, S. 573–626

CLAESSENS, D., Familie und Wertsystem, Eine Studie zur 'zweiten sozio-kulturellen Geburt' des Menschen, Berlin 1962

CLAESSENS, D./MENNE, F. W., Zur Dynamik der bürgerlichen Familie und ihrer möglichen Alternativen, in: CLAESSENS D./MILHOFFER, P. (Hrsg.), Familiensoziologie, Frankfurt 1973

CYPRIAN, G./WURZBACHER G., Strukturbedingungen frühkindlicher Sozialisation in Wohnkollektiven, in: F. NEIDHARDT (Hrsg.), Theorien und Analysen zur frühkindlichen Sozialisation, Bd. 5, Stuttgart 1975, S. 317–372

DESPERT, J. L., The Emotionally Disturbed Child, New York 1970

DÜHRSSEN, A., Heimkinder und Pflegekinder in ihrer Entwicklung, Göttingen 1958

DÜHRSSEN, A., Psychogene Erkrankungen bei Kindern und Jugendlichen, Göttingen 1962

EDELMANN, H., Adoptiveltern – Adoptivkinder, Soziale und rechtliche Aspekte der Adoption, Ravensburg 1972

Empfehlungen zum Pflegekinderwesen, Kleine Schriften des Deutschen Vereins für öffentliche und private Fürsorge, Bd. 21, Frankfurt 1967

ERIKSON, E. H., Einsicht und Verantwortung, Die Rolle des Ethischen in der Psychoanalyse, Stuttgart 1966

ERIKSON, E. H., Phasen der frühkindlichen Entwicklung, in: S. SIMITIS/G. ZENZ (Hrsg.), Seminar: Familie und Familienrecht, Bd. 2, Frankfurt 1975, S. 17–39

FREUD, A./BURLINGHAM, D., Heimatlose Kinder, Zur Anwendung psychoanalytischen Wissens auf die Kindererziehung, Frankfurt 1971

GESO – Gesellschaft für Sozialwaisen e. V., Aufzeichnungen einer Bundestagung von Pflege- und Adoptiveltern, Münster: masch. verv. 1974

GONSBACH, W., Adoptiveltern und das Kind müssen vorbereitet werden, in: *Mein Mündel* 2/1975, S. 11–13

HAENSCH et al., Überlegungen zu Problemen von Familien in der Bundesrepublik Deutschland und Hinweise auf einige daraus abzuleitende gesellschaftliche Maßnahmen, Eine Problemskizze, Schriftenreihe des Bundesministers für Jugend, Familie und Gesundheit, Probleme der Familie und der Familienpolitik in der BRD, Bd. 7, Bonn 1972, S. 65–103

HASSENSTEIN, B., Darf eine Säuglings- oder Kleinkindmutter berufstätig sein? in: *Blätter der Wohlfahrtspflege* 9/1975, Sonderdruck S. 1–4

HAUG, H., Das überforderte Kind, Stuttgart/Wien 1970

HORKHEIMER, M. et al., Studien über Autorität und Familie, Paris 1936

HORN, K., Dressur oder Erziehung, Schlagrituale und ihre gesellschaftliche Funktion, Frankfurt 1967

HUNDERTMARK, G./ULSHÖFER, H. (Hrsg.), Kleinkinderziehung, Bd. 1–3, München 1972

Internationale Gesellschaft für Heimerziehung (Hrsg.), Heimerziehung – Heimplanung, Dokumentation einer Ausstellung, Darmstadt 1974

Initiativgruppe gegen die Schließung kleiner Heime (Hrsg.): Der Senat plant und plant. Flugblatt, ausgeteilt auf dem Kongreß für Int. Heimerziehung 'Kinder in Ersatzfamilien', Berlin vom 12.–14. Nov. 1975

KANNER, L., Parental Perfectionism as a Pathogenic Agent, in: BÜRGER-PRINZ (Hrsg.), Psychiatrie und Gesellschaft, Bern/Stuttgart 1958, S. 204 ff.

KÖNIG, R., Soziologie der Familie, in: GEHLEN, A./SCHELSKY, H. (Hrsg.), Soziologie, Ein Lehr- und Handbuch zur modernen Gesellschaftskunde, Düsseldorf/Köln 1965

v. LANDENBERG, K., Familienpflege als Bestandteil der Heimerziehung, Zur Konzeption des Heilpädagogischen Zentrums 'Haus am Margarethenanger' in Lohhof bei München, in: M. BONHOEFFER/P. WIDEMANN (Hrsg.), Kinder in Ersatzfamilien, Stuttgart 1974, S. 352–358

LANGE, U., Das alleinstehende Kind und seine Versorgung, Basel/New York 1965

LAZARUS, H., Kriminalisierung im Kinderheim, Psychologische Thesen, in: *Neue Praxis* 4/1973, S. 312–317

LEHR, U., Die Frau im Betrieb, in: A. MAYER/B. HERWIG (Hrsg.), Betriebspsychologie, Bd. 9, 2. Aufl., Handbuch der Psychologie, Göttingen 1970, S. 735–777

LEHR, U., Die Rolle der Mutter in der Sozialisation des Kindes, Praxis der Sozialpsychologie, Bd. 3, Darmstadt 1974

LIEGLE, L., Familienerziehung oder Kollektiverziehung? Eine falsche Alternative, in: H. WALTER (Hrsg.), Sozialisationsforschung, Stuttgart-Bad Cannstadt 1973, S. 41–63

LÜDEMANN, B., Thesen zu einem Pflegekindergesetz, in: *Materialien zur Heimerziehung* 2/1975, S. 1–5

MEHRINGER, A., Geschützte Kleinkindzeit in der Familiengruppe, in: Ges. österreichischer Kinderdörfer als Sektion der Fédération Internationale de Communauté d'enfants (Hrsg.), Struktur der Gruppe in Kinderdörfern und Heimen, Wien 1967

MEHRINGER, A., Eine kleine Heilpädagogik, Vom Umgang mit verhaltensgestörten Kindern, in: *Unsere Jugend* 4/1975 (Sonderdruck)

MENARA, D., Soziale Eingliederung sozial behinderter Kinder am Beispiel der Adoptionsbetreuung, in: T. HELLBRÜGGE (Hrsg.), Kindliche Sozialisation und Sozialentwicklung, Fortschritte der Sozialpädiatrie, Bd. 2, München/Berlin/Wien 1975, S. 104–115

MEWES, N. u. K./REINKE, I. u. A./STUKENBERG, M. u. H., Sonderpflege, Erfahrungen mit einem Modell, das verbessert werden kann, in: *Neuer Rundbrief* 3/1975, S. 19–28

MEYER-DETTUM, K., Heilpädagogische Pflegestellen – Ergänzung oder Alternative zur Heimerziehung – Bericht aus dem Evangelischen Lutherischen Wichern-Stift Delmenhorst, in: M. BONHOEFFER/P. WIDEMANN (Hrsg.), Kinder in Ersatzfamilien, Stuttgart 1974, S. 287–307

MOLLENHAUER, K., Familienerziehung, in: C. WULF (Hrsg.), Wörterbuch der Erziehung, München 1974, S. 208–212

MOOG, W./MOOG, E. S., Die entwicklungspsychologische Bedeutung von Umweltbedingungen im Säuglings- und Kleinkindalter, Fortschritte der Sonderpädagogischen Psychologie, Bd. 5, Berlin 1972

MÜLLER-BRAUNSCHWEIG, H., Die Wirkung der frühen Erfahrung, Stuttgart 1975

MUSS, B., Elternberatung und Heimerziehung, in: S. SIMITIS/G. ZENZ (Hrsg.), Seminar: Familie und Familienrecht, Bd. 2, Frankfurt 1975, S. 284–295

MUSS, B., Gestörte Sozialisation, Psychoanalytische Grundlagen therapeutischer Heimerziehung, München 1975

NEIDHARDT, F., Familie in Deutschland, Opladen 1971

NEIDHARDT, F., Strukturbedingungen und Probleme familialer Sozialisation, in: S. SIMITIS/G. ZENZ(Hrsg.), Seminar: Familie und Familienrecht, Bd. 2, Frankfurt 1975, S. 40–56

NEIDHARDT, F. (Hrsg.), Theorien und Analysen zur frühkindlichen Sozialisation, Bd. 5, Stuttgart 1975

NEUMANN-SCHÖNWETTER, M., Psychosexuelle Entwicklung und Schizophrenie, Frankfurt 1973

PECHSTEIN, J., Die frühkindliche Entwicklung in kinderärztlicher Sicht, in: J. PECHSTEIN/E. SIEBENMORGEN/D. WEITSCH (Hrsg.), Verlorene Kinder?, München 1972, S. 23–48

PECHSTEIN, J., Das junge Kind in Heim und Krippe, in: G. HUNDERTMARCK/H. ULSHÖFER (Hrsg.) Kleinkindererziehung, Bd. 3, München 1972, S. 7–46

PETRI, H., Grenzen der elterlichen Gewalt, in: *betrifft: erziehung* 12/1971, S. 40–42

PORTMANN, A., Zoologie und das neue Bild des Menschen, Hamburg 1956

PROKOP, E./GEISSLER, K.: Erwachsenenbildung, München 1974

RICHTER, H. E., Eltern, Kind und Neurose, Stuttgart 1963

RICHTER, H. E., Patient Familie, Hamburg 1972

RICHTER, H. E., Psychoanalytiker beraten Kinderladen-Eltern, in: *betrifft: erziehung* 4/1975

ROESTEL, G., Schutz des Pflegekindes durch Schutz der Pflegestelle, in: *Theorie und Praxis der sozialen Arbeit* 2/1973, S. 52–56

ROSS, A. O., Das Sonderkind, Stuttgart 1967

SCHARMANN, D./SCHARMANN, T., Die Vaterrolle im Sozialisations- und Entwicklungsprozeß, in: F. NEIDHARDT (Hrsg.), Theorien und Analysen zur frühkindlichen Sozialisation, Bd. 5, Stuttgart 1975, S. 270–316

SCHINK, H. D., Auszüge aus dem Buch U. GERBER (Hrsg.), Ja – zum angenommenen Kind, Stuttgart 1973, in: Pflegekinder und ihre Pflegeeltern, hrsg. v. GESO, Münster o. J. (masch. verv.)

SCHMALOHR, E., Frühe Mutterentbehrung bei Mensch und Tier, München 1968

SCHMALOHR, E., 'Mutter' – Entbehrungen in der Frühsozialisation, in: F. NEIDHARDT (Hrsg.), Theorien und Analysen zur frühkindlichen Sozialisation, Bd. 5, Stuttgart 1975, S. 188–229

Scholl, R., Das Gewissen des Kindes, Stuttgart 1956
Simitis, S./Zenz, G. (Hrsg.), Seminar: Familie und Familienrecht, Bd. 2, Frankfurt 1975
Six, M., Familienpflegekinder — aus der Sicht der Erziehungsarbeit, in: *Praxis der Kinderpsychologie* 13/1964
Spitz, R. A., Vom Säugling zum Kleinkind, Stuttgart 1969
Spitzhüttl, R., Das 'Pflegenest' erwies sich als Kuckucksei, Sozialpädagogisches Experiment zur Eingliederung von Heimkindern in Hannover gescheitert, in: *Frankfurter Rundschau* vom 23. 2. 1976
v. Sturm, C., Voraussetzungen für die Erteilung der Pflegeerlaubnis, in: *Recht der Jugend und des Bildungswesens* 4/1971, S. 108–113
Thiersch, H., Institution Heimerziehung, Pädagogischer Schonraum als totale Institution, in: H. Giesecke (Hrsg.), Offensive Sozialpädagogik, Göttingen 1973, S. 56–69
Thiersch, H., Thesenskizze: Pflegestellen — öffentliche Erziehung in privaten Institutionen, in: M. Bonhoeffer/P. Widemann (Hrsg.), Kinder in Ersatzfamilien, Stuttgart 1974, S. 98–102
Unterbringung von Kindern und Jugendlichen außerhalb der Familie, Kleinere Schriften des Deutschen Vereins für öffentliche und private Fürsorge, Frankfurt 1967
Wahl, K., Kleinkindererziehung und Elternarbeit, in: *Neue Praxis* 3/1973, S. 301–312
Watzlawick, P. u. a., Menschliche Kommunikation, Bern 1971
Weitsch, D., Die frühkindliche Erziehung in tiefenpsychologischer Sicht, in: J. Pechstein/E. Siebenmorgen/D. Weitsch (Hrsg.), Verlorene Kinder?, München 1972, S. 7–21
Wendt, W. R., Entwicklungen in der Familienpflege, in: *Blätter der Wohlfahrtspflege* 5/1974, S. 122–127
Widemann, P., Sozialisation in Familien und Gruppen, in: M. Bonhoeffer/P. Widemann (Hrsg.), Kinder in Ersatzfamilien, Stuttgart 1974, S. 103–123
Wiener Kollektiv für Sozialarbeit, Ein Kinderkollektiv lernt: Erziehung zu emanzipierten Eltern, in: *betrifft: erziehung* 10/1972, S. 44
Wördehoff, B., Differenzierung der Heimerziehung — Von der Bewahranstalt zum spezialisierten Verbundsystem, in: *Neue Praxis* 3/1975, S. 229–236
Wurzbacher, G./Cyprian, G., Sozialisationsmängel der Kleinfamilie unter besonderer Berücksichtigung der Bundesrepublik Deutschland, Schriftenreihe des Bundesministeriums für Jugend, Familie und Gesundheit, Probleme der Familie und der Familienpolitik in der BRD, Bd. 7, Bonn 1972, S. 13–64
Wynne, L. C./Day, J./Ryckoff, I. M., Die Verteidigung stereotyper Rollen in den Familien Schizophrener, in: Bateson et al., Schizophrenie und Familie, Frankfurt 1969, S. 168–180

Teil B

I. Ein Jahr mit Y

1. Gegenseitiges Beschnuppern

Hallo, lieber Herbert und Inga Sell

X, 11. 3. 74

wie geht es Euch? Mir geht es sehr gut. Ich bin am Mittwoch doch noch eingeschlafen. Es stimmt, daß ich von Euch erzählt habe. Ich glaube die andern sind ein bißchen neidisch. Ich freu mich auch sehr, wenn ich zu Euch komme. Natürlich sag ich ja das ist doch selbstverständlich. Meine Oma hat schon wieder das ganze Haus auf den Kopf gestellt, sonst hat sie sich auch nicht um mich gekümmert und jetzt soll sie ihre eigene Nase im Dreck stecken. Es ist schade, daß es noch so lang dauert. Natürlich hab ich auch schon Vorstellungen. Schwester A hat mir schon erzählt, daß Ihr am 24. 3. zu uns kommt. Ich freu mich schon darauf. In zwei Wochen habe ich Geburtstag. Und (von) meiner (meine) Schwester (hat gesagt) kriege ich einen Kassettenrecorder mit allen Drum und Dran. Meine Schwester kommt auch zu meinen Geburtstag.

Es grüßt Euch herzlich Euer Y

Als YY, genannt Y, diesen Brief schreibt, ist er in Hochstimmung. Eine Woche zuvor haben wir ihn das erstemal "besichtigt"; er ist begeistert, denn da bahnt sich etwas an für ihn, das er zwar noch nicht so richtig einordnen kann, das ihm aber eine Perspektive und eine Wichtigkeit verleiht, die ihn weit über die anderen Kinder im "Haus 6" seines Heimes erhebt. Natürlich ein Grund, vor den anderen anzugeben und sich zu "profilieren" als jemand, der bald aus diesem Laden raus ist. Was ist passiert?
Sechs Wochen zuvor haben wir bei der Abteilung "Erziehungshilfe" des Landeswohlfahrtsverbandes Hessen unser Interesse an der Aufnahme eines Kindes und an unserer Anerkennung als "Erziehungsstelle" angemeldet. Nach einem aufwendigen Auswertungs- und Auswahlverfahren werden uns bald darauf einige "Fälle" anhand der Akten vorgelegt, u. a. ein 11jähriger Vollwaise aus einem von katholischen Schwestern geführten Kinderheim. Aus deren Berichten geht nichts (oder auch viel) Aufschlußreiches hervor; das Kind, das mit 4 Jahren die Mutter, mit 6 Jahren den Vater verlor, habe "guten Appetit und ist immer ein lustiges Kerlchen" mit seinen "roten Bäckchen". Das sagt uns eigentlich mehr über die Maßstäbe der dortigen Erziehung als über die Person des Kindes. Ebenso verhält es sich mit der ersten Reaktion von Y's Heimschwester auf die telefonische Anfrage, ob Y für die Unterbringung in einer Familie geeignet sei: "Nein, auf keinen Fall, der Junge kann

beim 'Mensch-ärger-dich-nicht' überhaupt nicht verlieren!!" (Ob das wohl mehr dafür oder dagegen spricht?)
Dennoch kommt es wenig später zum ersten "Lokaltermin" im Heim. Trotz unserer Jugend und legeren Art scheinen wir bald das Vertrauen der Heimleitung zu gewinnen und erfahren auch schon ein bißchen mehr über Y; er nässe sein Bett seit Jahren mit wechselnder Häufigkeit und ohne organischen Befund, petze gerne und viel, sei "sexuell auffällig" und habe schon öfters andere zum Zündeln angestiftet. Auch die im Heim tätige Psychologin bestätigt häufige "sexuelle Anspielungen" in Gesprächen mit ihm, ansonsten spricht sie von relativ egozentrischem und unkreativem Verhalten bei normaler Intelligenz. Auch der Vormund ist beruhigt, daß wir so sind und nicht wie in seinen Träumen die Nacht zuvor "ein fünfzigjähriges Gärtnerehepaar, das Y nur zum Ausbeuten zu sich holen will". Auch Y muß aufregende Träume gehabt haben. Die Schwester hat ihm – unter Vorwegnahme aller noch zu fällenden Entscheidungen – gesagt, da käme ein Ehepaar aus X, das ihn vielleicht, sprich: wenn er brav sei, zu sich nehmen würde. Worauf prompt, wie sie mütterlich hinzufügt "das Bettchen wieder naß war".
Als wir Y dann mittags das erstemal sehen, blaß, dünn, für sein Alter zu klein und kindlich, mit einem kleinen verkniffenen Spitzmausgesicht, macht er den Eindruck eines hilflosen Würmchens, das sich krampfhaft bemüht, die Situation zu meistern und auf Biegen und Brechen ein bißchen Weltmannspose hinüberzuretten.
Was muß das für ein Gefühl sein, auf dem Präsentiertisch vor wildfremden Leuten zu sitzen, die die Möglichkeit haben, einen einfach irgendwohin mitzunehmen. Auch wenn man sie sympathisch findet und mit ihnen über elektrische Eisenbahnen, das Leben und die Wohnung in der fremden Stadt "plaudert", – da sitzt einem doch die kalte Angst im Nacken, lange bevor sich die erste Hoffnung hineinmischt. Als wir uns an diesem Nachmittag von Y verabschieden, prägt sich uns beiden das Bild ein, das wahrscheinlich ganz typisch ist für die Mangelsituation des Heimkindes; im regennassen leeren Hof steht Y im viel zu großen Parka da und winkt uns nach. Uns – das ist die Welt draußen, die normale Welt, die im Heim höchstens mal zu Besuch ist, aber nie wirklich hineingelangt.
Fünf Tage später schon hat sich Y's Perspektive geändert; er hat Zeit zum Nachdenken gehabt, hat die Sonderrolle gespürt, in die er nun hineinwächst, hat von uns per Telefon gehört, daß er, wenn er mag, im Sommer zu uns kommen kann, und daß wir ihn bald schon für einen Sonntag zu uns holen, kurzum – die ganze Sache wird ihm schon "geheurer" und er schreibt obigen Brief.
Am Sonntag vor seinem zwölften Geburtstag kommt er zum erstenmal nach X. Ihm gefallen die Wohnung, das Schloß, die Kirmes mit dem Riesenrad, das

mit-Feuer-spielen-dürfen und die Möglichkeit, alte Geräte wie Tonband und Schreibmaschine auseinandernehmen zu können. Normen werden keine gesetzt; Y "funktioniert" à la Heim, nur daß er hier soviel Lust wie eben möglich "mitnehmen" kann. Auf der Fahrt zurück singen wir pausenlos Schlager, er scheint schon etwas gelöster. Dann kommt noch die Frage, wieso wir gerade ihn "genommen" haben und nach unserer genauen Begründung, daß dies eine Mischung aus Zufall und bewußter Entscheidung für ihn sei, schläft er friedlich im Fond des Wagens ein.

Als Y kurze Zeit später für zwei Tage zu uns kommt, um einen Test bei einer Psychologin zu machen, hat er eine herbe Enttäuschung hinter sich; trotz aller Versprechen (siehe Brief) ist seine einzige – 10 Jahre ältere – Schwester nicht einmal zu seinem Geburtstag im Heim erschienen – geschweige denn mit dem heißersehnten "Kassettenrecorder". Wir finden bei uns im Keller noch ein altes Gerät; es geht sogar noch und er ist überglücklich.

Vertrauen bahnt sich an; beim Schlafengehen spielt er schon so etwas wie "Kind"-rolle und verlangt von sich aus nach einem Gute-Nacht-Kuß – allerdings nur von H. H ist überhaupt das ganz große Idol. Y hat im Heim schon von "seinen" Eltern geschwärmt und von den anderen einen Dämpfer nach dem anderen bezogen (nach dem Motto: freu dich man nicht zu früh – die können viel erzählen!). Vor der Rückfahrt ist denn auch gedrückte Stimmung; er ist nur schwer ansprechbar. Beim Abschied sagt H: "du brauchst keine Angst zu haben, du sollst wissen, daß wir dich sehr liebhaben"; darauf Y spontan: "ich euch auch!"

Immerhin muß das Kind davon nun drei lange Wochen "zehren", bis wir ihn für die Osterferien abholen. Eine harte Zeit der Zweifel, Unsicherheit und Ängste für ihn, die wir mit Telefonaten überbrücken helfen. Einmal sagt er dabei voller "Mut": "Wenn ich erst mal ganz bei euch bin, dann sage ich meiner Schwester aber die Meinung, dann kann sie was erleben!" Mit einem Fuß steht er also schon auf dem neuen "Boden", und er kann sich schon leisten, alte Sicherheiten mal für kurze Zeit aufzugeben.

Zu Ostern wird er durch den ersten Kontakt zu unserem Verwandtenkreis überfordert, aber er fühlt sich doch schon recht wohl im Kreise von interessanten Erwachsenen, die ihn deutlich akzeptieren. Er sucht stark den Körperkontakt zu H. I steht mehr im Hintergrund, wird aber nicht wie sonst alles, was "Mädchen" ist, diskriminiert. Äußerungen wie "naja, die Mädchen . . ." kommen zwar vor, aber er staunt auch: "daß Mädchen gölgsen (rülpsen) können!" oder fragt er völlig überrascht: "Kocht ihr denn *zusammen*?"

Den ersten Umgang mit einer Gruppe von Jungen zwischen 7 und 11 Jahren, die seit einem Jahr regelmäßig zu uns spielen kommen und die wir ihm nun als erste Spielgruppe von Gleichaltrigen "bieten" können, gestaltet er sehr launisch: einmal scheu und kopflos, sprich: unsicher und dann wieder groß-

spurig durch starkes Herausstreichen des intimen Bezuges zu uns, d. h. ebenfalls unsicher. Die Jungen sind zunächst aufgeschlossen, aber bald durch seine "Wechselbäder" verunsichert und sauer; dennoch spricht Y nur von "seinen Freunden".
Unsere Ostergeschenke, ein Buch und ein T-Shirt findet er schon frühmorgens und nennt sie kurzerhand "doof"; wir sind ein bißchen enttäuscht, merken aber bald, daß es unser Fehler war, "typische" Heimgeschenke ausgewählt zu haben – wenn es dort etwas gibt, dann ist es was zum Anziehen oder Lesen; aber wer denkt da schon dran als "Eltern"?! Kleidung will er sowieso nicht! "Schwester A hat mir das und das mitgegeben und das *reicht*!" wiederholt er altbekannte Statements, (auch wenn es viel zu weite lila Bügelfaltenhosen sind, schön ordentlich, aber unfunktionell. Oft schreibt er, was er sagen möchte, in die alte Schreibmaschine, die wir ihm in sein Zimmer gestellt haben ("ich *will* keine Jeans"!!!). Auch sonst gibt es in diesen drei Wochen schon häufiger Aufmucken, Widerspruch, Ausnutzen bzw. Erkunden des Freiraumes, der sich da vor ihm auftut.

1.1 Heimwelt contra Familienwelt

Das Phänomen "Familie" unterscheidet sich vom Heim – für das Kind vom ersten Tag an deutlich sichtbar – in fünf zentralen Punkten:

1. *Die Familie bietet eine 24stündige Beziehungsdichte*

Es gibt keinen Dienstplan, keinen Personalwechsel, keine Leute, mit denen man "kann" oder denen man aus dem Weg geht. Die "Selbstverständlichkeit" von Emotionen wird erlebt; die direkte Auswirkung dessen, was man sagt, tut, vergißt, unterläßt wird unmittelbar erfahren; soviel "Wichtignehmen" der eigenen Person kann angenehm und unangenehm registriert werden: es kann zu Angst, Mißtrauen, Rückzug kommen, aber auch zu einem machtvollen Ausbruch an verdrängten Wünschen, den eigenen Selbstwert zu realisieren; solche Phasen übersteigerter Selbst-Wertschätzung sind für den Rest der Familie ausgesprochen anstrengend.

2. *Die Familie versorgt sich selber*

Mit dem erstaunten Erleben von einkaufen, kochen, planen usw. wird dem Kind gegenwärtig, daß es *Wahl*möglichkeiten gibt, daß es Ursache-Wirkungs-Geflechte gibt, in denen sich Menschen verhalten; die Forderung etwa, am Morgen die in der Nacht feucht gewordene Bettwäsche zum Wäschekorb zu bringen, weil sie sonst anfängt zu riechen und am besten noch schnell in dieser Maschine mitgewaschen werden sollte, ist in ihrer Logik und Banalität etwas ganz Neues – gemessen an der streng kontrollierten und sanktionierten Regelung des Heimes, "daß man morgens zu melden hat", wenn das Bett naß ist. Ob es die neue Mutter oder eine anonyme Angestellte irgendwo in der Waschküche des Haupthauses ist, die für einen arbeitet, spielt dabei eine große Rolle.

3. *Die Familie eröffnet Freiräume*

So positiv dies klingt, so problematisch ist es für das Kind; auf einmal *äußern* Leute ihre Bedürfnisse, wägen ab, was auf ihrer Skala von "Lust" wo einzustufen und wie zu realisieren ist, halten Ambivalenzspannungen ganz ohne Verkrampfung aus, schieben unmittelbare Wunschbefriedigungen auf, verkraften kurzfristige Frustrationen ohne Wut o. ä. "ich möchte essen, ich möchte fernsehen, ich möchte lesen — was möchte ich jetzt am meisten?" — solche Abklärungsversuche wurden im Heim viel zu abrupt verkürzt und behindert — es gab nur bestimmte Zeiten, zu denen man essen, fernsehen, lesen durfte und konnte. Die Qual der Wahl führt zu Unlust und Überforderung, denn Selbststeuerung ist so gut wie gar nicht trainiert worden; also: das Kind ist nicht *zufrieden*, wenn es auf einmal "soviel bei uns machen darf", sondern in höchstem Maße *verunsichert.*

4. *Die Familie setzt hinterfragbare Normen*

Der Familienalltag ist dynamisch; Hunger und Durst werden nicht zu festen Zeiten befriedigt. Es gibt keine feste Sitzordnung bei Tisch, kein im Turnus sich wiederholender Essensplan, keine "Schulhose" contra "Sonntagshose". Während Heimnormen versuchen, tägliche soziale Abläufe mit kleinstmöglichem Aufwand zu organisieren (Essenszeiten, Zähneputzen, Schuheputzen, Lüften, Bettenmachen, Aufgabenmachen als uniformierendes Verhaltenstraining), setzt die Familie Normen, die zwar auch Abläufe regeln, aber anfragbar sind, wenn sie den Bedürfnissen einzelner Mitglieder zuwiderlaufen.

5. *Die Familie bietet Perspektive und Identität*

Die Familie ist gemäß den o. a. Merkmalen eine prinzipiell perspektivisch handelnde Bezugsgruppe. Vorausschauende Planungen (z. B. "Was kochen wir morgen? Wo treffen wir uns Samstag? Wohin fahren wir im Urlaub?") erlebt das Kind zunächst im alltäglich-banalen Rahmen. Sie stehen aber bereits stellvertretend für eine Lebensgestaltung, in die es allmählich voll integriert wird. Parallel dazu und basierend auf der Realität der ersten These entwickelt sich ein Gespür für seine eigene Person und deren Wirkung, Geschichte, Vorzüge, Mängel usw., eine intensiv, vollständig und verläßlich erfahrbare Realisierung der *DU-Beziehung*, des *ICH*(und kein anderer aus der ständig sich ändernden Heimgruppe)-*Seins*, die günstigenfalls zu Ich-Stärkung und neuer Identität führt und Grundlage längerfristiger "Nachheilungsprozesse" wird.

2. Ein Tabu nach dem anderen

Ab jetzt kommt es zu Einseitigkeiten und regelrechten "Manien", die uns eine enorme Nervenkraft kosten, denn wir wollen unseren Grundsatz "alles läuft sich mal tot, wenn man es uneingeschränkt tun darf" doch gerne durchhalten.

Zuerst stehen "Kassettenrecorder" und "Feuer"-Manie im Vordergrund. Jeder Kerzenstummel im Haushalt wird ausfindig gemacht, geschmolzen oder in der Ecke irgendeines Zimmers brennend "vergessen". Es gibt nichts attraktiveres als die 200 10-cm-langen Streichhölzer, die wir — leider! — besit-

zen und die nun, in flüssiges Wachs gesteckt, als tolle Fackel in Kettenreaktion entzündet werden.
Zumindest bringen wir ihn dazu, nur noch auf einem extra dafür abgestellten alten Resopaltisch in zwei großen Blechtabletts zu "kokeln". Wochenlang stinkt die gesamte Wohnung nach verbrannten Haaren, Filzstücken, Papierresten, Hölzchen usw. Kaum ein loser Gegenstand, der nicht irgendwo schwärzliche Spuren aufzeigt. Obwohl wir laufend zum besseren Abreagieren in die freie Landschaft zum Grillen und Holzverbrennen fahren, vermindert das die Aktivitäten keineswegs. Im Gegenteil, hier macht ihn das "Rauchen" trockener Halme selig! Dann kommt es zum Höhepunkt. Alarmiert durch Rauchschwaden in allen Räumen, finden wir Y, wie er gerade einen dicken Stapel alter Schulhefte (welch ein symbolischer Akt!) auf dem viel zu kleinen Tablett verbrennt und die glimmenden Blätter, um Platz zu schaffen, in Plastiktüten verstaut; diese wiederum schmelzen sofort und lassen den Inhalt auf den (Sisal!-)Teppich seines Zimmers segeln. Letzteres erfüllt ihn dann doch mit Panik, da er der Lage nicht mehr Herr wird. Wir atmen trotz allem auf, denn der Schreck sitzt Y so in den Knochen, daß die Lust am "kokeln" sich doch in der Folgezeit auf fast normale Maße reduziert. Erste Schlacht gewonnen? Wir meinen schon, und rüsten uns bei den übrigen und folgenden "Manien" mit neuer Geduld aus! Denn er hat noch mehr davon "auf Lager". Schließlich decken sie sich ja mit den Tabus, die es im Heim für ihn gab. Und das waren nicht wenige. Eins davon besagt, daß man nicht rülpst oder einen fahren läßt, wenn man Lust dazu verspürt. Also wird dies von ihm zwei Wochen lang permanent praktiziert; bei jeder Mahlzeit oder sonst sich bietenden Gelegenheit; noch dazu verstärkt und reproduzierbar gemacht durch den heißgeliebten Kassettenrecorder, der das ganze Vergnügen noch auf das vier- bis fünffache steigert.
Obwohl es uns natürlich "stinkt" und unsere Einstellung, daß man sich zwar möglichst frei, aber nicht auf Kosten anderer Ohren und Nase austoben soll, auch diesen Bereich betrifft, halten wir uns bewußt zurück und versuchen zu erahnen, wieviel Verklemmung und Tabuisierung da vorliegen müssen, wenn ein Kind in den höchsten Tönen und mit Tränen in den Augen sich "totlacht", wenn es sich – auch auf diesem Gebiet – das erstemal selbst erfahren darf. Wie zu erwarten, klingt auch diese "Macke" allmählich ab.
Ein anderes – weitaus wichtigeres – Problem ist das Essen. Gewohnt, ohne zu mucken und in "normalen" bzw. "genormten" Mengen zu essen, was auf den Heimtisch kommt, spürt Y auch hier sehr schnell einen Freiraum, den er "ausbeuten" kann. Gefördert durch die – vollkommen neue – Wahrnehmung unserer Planungs-Einkaufs-Koch- und Tischdecken-Aktivitäten (im Heim herrschte ja die anonyme Rundum-Total-Versorgung ohne eigene Wahlmöglichkeiten) fühlt er sich ermutigt, zu essen, wann, wo und wie er

will. Das machen wir nicht mit. Er hat zumindest pünktlich am Tisch zu erscheinen, was in den ersten Wochen überhaupt nicht klappt, da immer noch gerade etwas furchtbar Wichtiges zu erledigen ist. *Was* er ißt, bestimmt er zunächst selber. Es ist denn auch leicht zu beschreiben: *Schmalzbrot!* von morgens bis abends Schmalzbrot. Durch nichts zu ersetzen, geschweige denn zu überbieten.

In der Folge geht er auf wie ein Hefekloß; auch das stört ihn wenig. Natürlich hätten wir ihm ohne größere Anstrengung dieses einseitige Essen "austreiben" können, aber wir ziehen es vor, ihn sich selbst "ad absurdum" führen zu lassen; bis dann nach 20 langen Tagen das heißersehnte "ich hab keine Lust mehr, machst du mir mal eins mit Leberwurst?" kommt, das wir mit einem roten Kreuz im Kalender würdigen.

Das Topfgucken und obligatorische Gemäkele am Mittagessen bleibt trotzdem noch für viele Wochen; grundsätzlich "mag" er nichts außer Hähnchen, Spaghetti und Eis, aber peu à peu bringen wir ihn auf den Geschmack anderer Speisen (die er zwar vom Heim her "alle schon kennt", die aber anders zubereitet auch anders schmecken). Dazu dient unsere Forderung, erst alles *einmal* zu probieren (und nach ein paar Wochen noch einmal). Wenn das "Nein" sich hält, braucht er es nicht zu essen, muß aber dann vom Rest des Mittagessens satt werden. Vier Monate später sind Szenen wie "Kartoffelbrei auf die Gabel nehmen – Gesicht verziehen – ii,-was-ist-denn-*das*?-Sagen und alles genüßlich auf den Teller zurückplatschen lassen –" schon zu Anekdoten geworden. Y ißt jetzt wirklich alles, was auf den Tisch kommt – freiwillig und lustbetont. Das Topfgucken haben wir abgefangen durch einen *Wochenspeiseplan*, den wir zusammen aufstellen und der für ihn "Sicherheit vor Risiken" bedeutet.

Daß Essen für uns ein sozialer Akt ist, mit Liebe vorbereitet und in Ruhe genossen, und daß wir uns dieses Vergnügen nicht nehmen lassen, erfährt er auch einige Male, als es uns wirklich zu bunt wird und wir ihn auf sein Zimmer zum Essen schicken, um ihm sein Gemecker bewußt zu machen und uns davon zu befreien. Jeder hat zwar ein Recht auf Magengeschwüre, aber man kann – und sollte – sie gerade als Pflegeeltern zu verhindern suchen! Von diesen Ausnahmen abgesehen verläuft der "Essenslernprozeß" jedoch relativ konstant und positiv ab.

Auch die *Ordnung* ist so ein mitgebrachtes Tabu. H war einmal selber Zeuge, als Y im Heim geohrfeigt wurde, weil in seinem Schrank "die Unterhemden wieder nicht im richtigen Fach lagen". Vor solchem Hintergrund nimmt es nicht Wunder, daß nun sein Zimmer trotz seiner Größe und der geringen Zahl an Klamotten und Spielzeug (insg. zwei Koffer), die er mitbringt, einen geradezu chaotischen Eindruck macht. Von der Tür zum Fenster zu gelangen, ohne irgend etwas zertreten zu haben ist ein Kunststück, das nicht einmal er selber beherrscht. Angereichert wird der Bodenbelag aus dreckiger Wäsche, zerfledderten Comics, verstreuten Spielen, Holzstücken, Werkzeugen, Nägeln, Apfelresten, Tempotüchern usw. durch unzählige "Fundsachen", die er in der Wohnung, im Keller und draußen aufstöbert und – falls wir nicht ausdrücklich Wert auf sie legen – triumphierend seiner Sammlung einverleibt. Die entlegendsten Ecken der 160-qm-Wohnung sind ihm für Wochen die Quellen reinster Entdeckerfreuden und er "begreift" auch auf diese Weise die neue Umgebung sehr gründlich. Nach einiger Zeit fällt uns auf, daß er sich besonders gern und lange in unseren – aufgeräumten – Zimmern aufhält und wir haken ein. I zeigt ihm, wie man das Zimmer "bewohnbar" und gemütlich machen kann, ohne die geliebten Dinge dann stundenlang suchen zu müssen. Sie bemalt einige Nachmittage lang einen Schrank in seinem Zimmer mit einer bunten Landschaft und H. beginnt mit dem Bau eines Schreibtisches und einiger Regale. Damit haben wir absichtlich gewartet, bis Y sich schon "eingefunden" hatte. Es interessiert ihn zwar alles nicht sehr, aber er bekommt doch sicher mit, daß wir uns mit viel Liebe und Mühe auch seinem Wohnbereich widmen. Das motiviert ihn denn auch, ab und zu so aufzuräumen, daß sich im Dschungel begehbare Pfade finden lassen. Mit dem verbindlichen Vermitteln irgendwelcher Ordnungsnormen lassen wir ihm und uns Zeit bis zum Beginn der Sommerferien, als er dann endgültig zu uns kommt.

Auch festgefahrene Verhaltensmuster auf anderen Gebieten werden durch die relativ häufigen Wochen- und Wochenendaufenthalte bei uns schon etwas ins Wanken gebracht, noch bevor er sich ganz und gar auf die Familie umstellen muß. Beim ersten größeren Konflikt bekommt sein Idol H (der Idealvater) einen empfindlichen "Knacks". Denn er hat ihn angepfiffen, weil er vor dem Mittagessen unbedingt noch Platten aufnehmen mußte. Y verarbeitet diesen Konflikt nach gewohntem Heim-Muster: "Schuld" wird projiziert (und damit der ohnehin starke Leidensdruck auf ein erträgliches Maß reduziert). Schuld ist *prinzipiell* der *andere*, auf welchen verworrenen Wegen der Argumentation man dies auch nachzuweisen versucht. Man selber ist nie die Ursache gewesen. Nach dem Motto "der hat mich ja so angeschrien . . ." wird Realität verzerrt und die Rechtfertigung für Bocken und Zurückziehen aufs Zimmer gefunden. Jeder Versuch, in ein Gespräch über den Konfliktablauf zu kommen, überfordert ihn insofern total, als nach seinen mitgebrachten Rastern solch ein Gesprächsangebot ein eindeutiges Zeichen von "Schwäche" und "Zu-Kreuze-kriechen" des anderen ist, das er wiederum auf "großkotzige" Weise ausnutzt. In solchen Situationen neigen wir oft dazu, ebenso unüberlegt "zurückzubocken", aber früh genug ziehen wir dann doch die Notbremse und machen uns klar, daß für jemanden mit Y's Vorerfahrungen ein Gespräch nur ein Machtkampf, nicht aber ein faires Angebot bedeuten

kann. Er "weicht" zwar durch viel Zuwendung, Begründungen usw. nach einer Weile wieder auf (was wir in unserer Hilflosigkeit dankbar registrieren), aber man spürt doch, wieviel Training noch nötig sein wird, ehe er sich und anderen zugestehen können wird, daß er "Mist gebaut" hat.
Im Heim spielt Y nun den ganz großen "Macker", der sich alles erlauben kann und dann natürlich entsprechende "Erziehungsmittel" der Schwester auf den Plan ruft: "Wenn du dich nicht besserst, nehmen deine neuen Eltern dich nicht . . .' Er "bessert" sich.
Bei einem nächsten Besuch erreicht die *Comic*-Manie ihren Höhepunkt. Y liest ohnehin enorm schnell (und oberflächlich) und hat – zusammen mit unbändigem Fernsehdrang – einen äußerst konsumintensiven Tageslauf. Wir schränken das Fernsehen noch nicht – wie später – direkt ein, sind uns aber bewußt, daß es für ihn alles andere als förderlich ist. Sein Sozialverhalten ist ohnehin zu dieser Zeit unter aller Kritik; seine "Freunde" schreit er an, will sie schlagen und rauswerfen, wenn sie ihn durch ihr Erscheinen beim Fernsehen stören. Fahren wir zum Grillen hinaus, überläßt er uns und den "Freunden" die Mühsal des Holzsuchens und macht sich über die Limoflaschen her. Schon aus Ärger und mit Blick auf die anderen Kinder dulden wir keine Sonderrolle und setzen ihn bereits unter Druck: "Wenn das und das nicht läuft, kann das andere auch nicht laufen, das ist doch klar!"; meistens geschieht dies aber noch sachte und vorläufig. Er hat nicht die geringste Antenne für Bedürfnisse eines anderen, sondern heischt nach Lustgewinn, wo immer es geht – entsprechend seinem Nachholbedarf.
Natürlich reagiert er unausstehlich, wenn seine Lustzufuhr beschnitten wird. Wenn wir an die frische Luft wollen und ihn wegen der "Feuerrisiken" nicht alleine zu Hause lassen wollen, bockt er, muß unter geradezu physischem Druck mitgeführt werden und verdirbt uns regelmäßig mit seinem Beleidigte-Leberwurst-Gesicht die letzte Laune. Hinterher findet er die Unternehmungen zwar meistens "dufte", aber das hindert ihn nicht daran, das nächste Mal wieder zu meckern. Mit endlosen Kissenschlachten, wüstem "Gekäbbele" und tausenderlei Kämpfchen versuchen wir, ein lustbetontes Abreagieren aller möglichen Aggressionen zu fördern. Besonders H., der sich darum verdient macht, fällt auf, daß Y oft und gerne schreit und (gespielt) weint und ständig Spielsituationen provoziert, in denen er "leiden darf".
Eine ebenfalls heimbedingte nervtötende Tendenz zum "Zirca-doppelt-so-laut-wie-andere-Sprechen" ist in den ersten Monaten durch nichts und wieder nichts wegzubekommen; kein Training, belohnen, ignorieren, bewußtmachen, "spiegeln", nichts kann ihn dazu veranlassen, aus einem Meter Entfernung bei Tisch nicht in einer Lautstärke zu plärren, als stünde man auf einer entfernt gelegenen Baustelle. Es gibt Tage, an denen wir abends allein schon davon fix und fertig sind. Die letzten Wochen im Heim entwickelt sich

Y zum Musterknaben. Die Schwester ist "sehr zufrieden". Er leitet sogar andere an, sich an ihre Normen zu halten. Offensichtlich will er jetzt keinerlei Risiko mehr eingehen.
Noch einmal holen wir ihn für ein Wochenende ab; er erscheint schon viel gelöster – die Sicherheit, nächste Woche wirklich bei uns zu sein, ist endlich da. Wir sind noch einmal zurückhaltend im Setzen von Normen, sowohl was irgendwelche Pflichten wie auch sein Verhalten zu "Freunden" angeht.
Zwei Freibadbesuche, ein Familiengottesdienst und v. a. der Kontakt zu einem gleichaltrigen Mädchen, der Tochter von Freunden, sind Primärerlebnisse besonderer Art für ihn. Er sieht I. im Bikini – wo konnte er bisher schon mal den halbnackten Körper einer Frau so aus der Nähe und ohne Angstgefühle studieren? Er sieht einen "Pfarrer", der ganz anders ist und redet, als die, die er aus seiner streng katholischen Gemeinde her kennt und die er nie verstand. Und er begegnet einem Mädchen, das er "sehr schön" und faszinierend findet, sie ist Ich-stark, paßt nicht zu seinem Rollenklischee und bringt ihn mit Äußerungen, wie "möcht bloß mal wissen, was am Fernsehen so toll ist" ganz schön aus seinem Konsumkonzept.
Hier spüren wir bereits die Notwendigkeit, anders sozialisierten Kindern (und nicht nur Kindern!) aus Y's künftigem Kontaktfeld unverständliche Verhaltensweisen ein bißchen transparenter zu machen.
Als Abschlußdokument dieser langen Warte- und Beschnüfflungszeit hier noch ein Brief, den Y zu I's Geburtstag schreibt und der u. a. sein Bemühen zeigt, die Tatsache abzusichern, daß er wirklich zu uns kommen "darf" (noch dazu von der ganz irrelevanten "Schul"-Seite her!):

Liebe Inga

Wie geht es dir? Mir geht es gut. Herzliche Glückwünsche zum Geburtstag. und alles Gute. Schwester A hat auch am 28.5. Geburtstag. Wir feiern ihn noch nach. Wie geht es Herbert? Und Toni, Mickie, Marjo, Stefan? Hoffentlich gut. Es sind nur noch 26 Tage, bis ich für immer abgeholt werde. Genau drei Wochen und fünf Tage. Meine Schwester hat sich noch nicht blicken lassen. In einer Deutscharbeit habe ich eine 2 geschrieben. und in Religion eine 3. Bei den Arbeiten in Religion habe ich nur Dreier. Ruft mich noch mal an! Meine Bonbons sind fast leer. Weiterblättern! Heute haben wir Bundesjugendspiele gemacht. Bei 50 Meter habe ich 8,6 Sekunden. Ich weiß schon, daß ich eine Siegerurkunde bekomme. Jetzt mache ich aber Schluß. Es grüßt Euch Euer Y tschüss

2.1 Motive der Gasteltern

Ein unverzichtbarer Schritt, den *jede* potentielle Gastfamilie vor der Übernahme eines fremden Kindes leisten muß, ist die gründliche und ehrliche Abklärung der Motive aller Beteiligten.

Statt einen Katalog möglicher "positiver" Motivationen zu nennen (was relativ schwierig, weil sehr individuell zu formulieren wäre), haben wir im folgenden Motive zusammengestellt, die unseres Erachtens untauglich und nicht zu realisieren sind.
Ein Pflegekind ist *nicht geeignet*,

1. *als Verdienstquelle zu fungieren*

Selbst eine "gute" Bezahlung der pädagogischen Arbeit steht in keinem Verhältnis zum 24-Stunden-Tag. Eine "Berufsrolle" im klassischen Sinne, die man an- und ablegen kann, ist nicht realisierbar, denn die eigenen vier Wände sind das Arbeitsfeld, man steht ständig in der Verantwortung für das eigene Verhalten und kann sich eine "Distanz" zu dem Geschehen nur in einem sehr bescheidenen Spielraum erhalten (u. U. Urlaub ohne Kinder).

2. *Sinn in ein unausgefülltes Hausfrauendasein zu bringen*

Einem unbefriedigenden Teilzeitjob durch diese – vermeintlich – bequemere Alternative entrinnen zu können, statt reproduzierender Haushaltsarbeit endlich etwas "Sinnvolles" tun zu können, Ersatz für einen – durch beruflichen Stress oder eheliche Krisen – zu oft abwesenden Ehemann oder für aus dem Haus gegangene Kinder zu wittern – all das birgt Fehleinschätzungen und ungelöste Problembereiche in sich, die den Blick und die Energie für die in Angriff zu nehmende Aufgabe – nämlich die umfassende Förderung eines mit Defiziten belasteten Kindes durch Personen, die eben diese Defizite nicht haben dürfen, ganz erheblich einschränken.

3. *Pädagogischen Ehrgeiz zu befriedigen*

Vernachlässigte Kinder sind und werden keine "Vorzeigkinder" – nicht einmal Produkte von Erziehungstätigkeit, die nur einen selber zufriedenstellen; denn für ihre Entwicklung sind eine Reihe anderer Bezugssysteme *vor* der Gastfamilie verantwortlich gewesen, so daß man den eigenen Einfluß nur sehr schwer gewichten kann. Gerade die Flexibilität, sich auf u. U. vollkommen neue pädagogische Erfahrungen einlassen zu können, ist eine Fähigkeit, die Erziehungsfanatikern und -ideologen fehlt und die ihre Kompetenz zur Förderung individueller Persönlichkeiten stark beschneidet. Hierhin gehören auch die skurrilen Theorien, wonach ausgerechnet Randgruppen-Kinder mit besonderem Ehrgeiz zu bedenken sind, weil man in ihnen politisches Potential wittert und die Beschäftigung mit ihnen den gewissen progressiven 'touch' einbringt. Auch hier wird nicht bedacht, daß diese Kinder eine lange Stabilisierung und viel persönliche Zuwendung brauchen werden, ehe sie sich einen kritischen Rückblick auf ihre eigenen Sozialisationsbedingungen werden "leisten" können.

4. *Als "Material" zur eigenen Selbstverwirklichung*

Wer ein geeignetes Objekt zur Bestätigung und Weitergabe eigener Normen sucht, sich also selber "überstülpen" will, kann nicht horchen und zusehen, kann keine Partnerschaft anstreben und v. a. nicht den nötigen Respekt vor der – wenn auch defizitären – Eigenpersönlichkeit des Kindes entwickeln. Dabei spielt es keine Rolle, ob man eine autoritär-rigide oder eine harmonistisch-liberale Machart vorzieht; wer vorher schon genau weiß, was er in der und der Situation tun würde und daß für ihn nichts anderes denkbar wäre, sollte sich nicht an ein so schwer "formbares" Material begeben.

5. *Als progressives Alibi für die Realisierung anderer Wünsche*

z. B.: den Wunsch nach eigenen Kindern

Gestörte Kinder sind ein schlechter Ersatz für eigene Kinder; schlecht nämlich für die Realisierung all der unbewußten Motive und Sehnsüchte, die sich mit der Aufzucht einer Nachkommenschaft im üblichen Sinne verbinden. Sich ein paar nette und – amüsant wirkende – freche Kinder zu "holen" und von Stund an als runde Familie zu präsentieren – die Annehmlichkeiten eines solchen Images halten nicht lange an. Da man die spezifischen Qualitäten des Umgangs mit den Kindern nicht realisieren will, werden die Unarten ab irgendeinem Zeitpunkt als bedrohlich erlebt, Realität verzerrt und als schlimmste Konsequenz die Kinder "zurückgegeben".

z.B.: den Wunsch nach einem Spielkameraden für das eigene Einzelkind

Kein Mensch kann sich entfalten oder gar Versäumtes nachholen, wenn nur bestimmte Qualitäten von ihm akzeptiert werden, hier: Spielpartner für ein – als vorrangig angesehenes – Kind zu sein. Was passiert, wenn das fremde Kind alles andere als spiel- und kameradschaftsfähig ist, wenn sogar das eigene plötzlich Störungen zeigt?

z.B.: den Wunsch nach Komplettierung der Familie

"Wir haben uns auch schon mal überlegt, daß es ganz schön wäre, noch ein Mädchen zu unseren beiden Jungen zu haben." Auch hier wird ein Aspekt des "Objekts" herausgegriffen (das Geschlecht), ohne daß an die Gesamtpersönlichkeit gedacht und deren Chancen innerhalb der Kinderkonstellation abgeklärt werden.

Wer solche und ähnliche Beweggründe bei sich selber weitgehend ausschließen kann und dann immer noch eine starke Motivation verspürt, Mut und Energie für die Auseinandersetzung mit einem fremden Kind aufzubringen – etwa durch permanente Erfahrungen mit der Problematik öffentlicher Ersatzerziehung –, dessen Chancen sind sicher groß, während komplizierter und langwieriger pädagogischer Prozesse ehrlich und unverkrampft zu bleiben.

3. Der Nahkampf beginnt

Die härtesten 6 Wochen stehen an; jeder kleinste Aspekt, jede kleinste Norm wird in Frage gestellt, wir ritualisieren das zum "Wieso?!"-Spiel, zum "Krieg"-Spielen, zum "Na und?!"-Spiel – es ist ein entnervendes Spiel. Immerzu wird der letzte Punkt, die eigentliche Grenze gesucht, an der wir "Halt!" sagen und Y wahrscheinlich die erhoffte Rollenbegrenzung bzw. -sicherheit geben.

Y mäkelt ständig, redet das unrealistischste Zeug, widerspricht sich permanent selber. "Alle fünf Minuten" ... beginnen unsere Vorhaltungen: ... "Eine andere Meinung, ein anderer "bester" Freund, ein anderer Geschmack usw." Auch hier äußert sich der Heim-Zwang, zu reden und sich rauszureden, sich im Wind zu drehen, wie es gerade am opportunsten erscheint. Y:

"Wenn die Schwester gefragt hat, wer was angestellt hat, ham wir ganz schnell gesagt, die andern wärn's gewesen, wir hätten's *ganz genau* gesehen . . ."
Beim Reden über Konflikte stellt er mit unbeweglichem Pokerface die Ohren auf Durchzug oder er sagt etwas, das einen daran zweifeln läßt, ob er zur Logik überhaupt Zugang hat, wenn auch nur im schlichtesten Sinne (etwa: erst Ursache, *dann* Wirkung!) Trotzdem reden wir immer wieder über alles, was gelaufen ist (was sollen wir auch sonst tun!) – penetrant und penibel, denn wir haben trotz aller vordergründigen Abwehrhaltung das Gefühl, daß er sich vielleicht doch Schritt für Schritt auf unsere Art, die Dinge zu sehen, einlassen könnte; und wenn ihm nur angenehm auffallen würde, welche Intensität und Dauer an Zuwendung wir dafür investieren, über seine Person und die Wirkung seines Verhaltens zu reden, wäre das ja auch schon was wert.
Daneben macht er andere neue Erfahrungen: Wir gehen auf Bedürfnisse ein, ohne daß er sich diese "verdienen" mußte (Möbelgestalten, Griesbreikochen, abends ans Bett setzen . . .); wir reden über vernünftige Vorschläge – er wird nie abgeblockt; Hausarbeit ist Teamarbeit – auch er hat seinen Teil zu machen: Mülleimer und abtrocknen an Tagen mit "n"; es gibt einen *Minimalkatalog an Alltagsnormen*, den wir zwar transparent machen, aber *nicht* mehr in Frage stellen lassen: täglich duschen, morgens und abends Zähne putzen (Zähneputzspiel: "wer putzt am besten senkrecht oder: wer hat den meisten Schaum?"), zu den Mahlzeiten mehr essen als zwischendurch, abends nicht unbedingt noch einen Liter trinken, nasse Hosen und Bettzeug unaufgefordert in den Wäschekorb bringen und nicht einfach zudecken, nicht ständig mit Straßenschuhen und essenderweise auf allen Möbeln "rumhängen"; es dauert natürlich sehr lange, bis diese z. T. unlustvollen Beschränkungen bei ihm "eingerastet" sind. Aber irgendwann ist es dann doch soweit, daß er nicht ständig aus dem Chaos seines Zimmers in andere gemütlichere Gefilde zieht, sondern Räume respektieren lernt als Abgrenzungen für einzelne oder bestimmte vorrangige Zwecke; irgendwann lernt er auch Kleidung einigermaßen richtig handhaben. Man kann allen "neuen" Eltern nur immer wieder zu grenzenloser Geduld raten und zu der täglich neu realisierten Einsicht, woher die Schwierig keiten dieser Kinder im Umgang mit "Selbstverständlichkeiten" kommen.
Im Heim gehörte ihnen kein Raum, kein Gegenstand wirklich *ganz* – wie soll man da echte Verantwortung entwickeln? Wer, wie Y, mit Gummistiefeln nicht durch den Matsch schlurfen konnte, der kann auch nicht den Kontrast wahrnehmen, daß solchermaßen verdreckte Stiefel auf Sesseln und Bettzeug weniger segensreiche Funktionen ausüben. Wer ein Kind (und sich selbst) nicht in Spielkleidung ohne Rücksicht auf Verluste rumtoben und "kaputt

dreckig"-machen läßt, kann auch nicht verlangen, daß Wert und Funktion von "besserer" Kleidung wirklich eingesehen und akzeptiert werden. Wir sind da bei Y sehr konsequent gewesen und es sind viele Klamotten dabei "draufgegangen"; heute fühlt er sich wohl in Gammelkleidern wie auch in stolzmachenden "schönen" Kleidern und weiß meist von selber, wann es Zeit zum Umziehen ist.
Der Kontakt zu den Jungen verläuft denkbar schwierig. Es regnet permanent, was allen auf die Nerven geht. Ständig vereitelt Y ein wie auch immer funktionierendes Spielen durch Eifersüchteleien, Auftrumpfen, Gemäkele, Beleidigt-Sein und Gegeneinander-Ausspielen. Kurzum – exakt wie beim Umgang mit anderen Heimkindern (wir konnten ihn mal 2 Tage dabei beobachten). Leerlauf, Unlust und Langeweile wurde dort mit aggressiv lauerndem Rumhängen und künstlichem Gestreite wettgemacht. Hinzu kommt jetzt das schon erwähnte, analytisch eher belanglose aber nervtötende "Geschrei", mit dem sich Y in Szene setzt. Monatelang greifen wir in die pädagogische "Trickkiste": wir haken immer wieder ein – mit Zurückschreien ("siehst du, so laut ist das!"); mit monotonem Ermahnen (". . .leiser! . . ."); mit verzweifeltem Rückgriff auf rationale Begründung ("ich steh' nur 2 m neben dir!"); mit Nicht-Hinhören ("ich versteh gar nicht, was du sagst, es ist irgendwie so laut!"); mit Flüsterspielchen und mit allmählich recht verkrampfter Abwartehaltung, zu der wir auch ermattet alle Verwandten und Freunde "einladen", denen seine Stimme ja nicht weniger auf den Wecker geht.
Viele andere Dinge verunsichern uns auch, und wir wissen oft auf Anhieb nicht, wie wir uns verhalten sollen. Da wir uns aber ständig *verhalten müssen*, bleibt uns nur übrig, so ehrlich wie möglich Fragen und Bedürfnisse zu beantworten und so unehrlich wie möglich Verunsicherungen emotionaler Art zu überspielen. Fragen wie: "Bleib ich jetzt bei euch, bis ich sterbe?" oder: "Und wenn ihr jetzt mal selber ein Kind habt, muß ich dann wieder weg?" lassen sich ruhig und intensiv beantworten – was uns guttut. Es gibt aber auch häufig Trümpfe wie diese: "Dann geh ich eben wieder ins Heim zurück" (ätsch!), was uns weniger guttut. Wir sagen dann: "Na prima, wenn du das besser findest, dann pack doch schon mal deine Sachen – H. fährt dich dann zum Bahnhof . . .' Natürlich sind diese Trümpfe keine echten Bedürfnisse, sondern eben Trümpfe, mit denen er uns glaubt, unter Druck setzen zu können. Trotzdem "haut" sowas doch immer wieder rein, denn dieses Kerlchen, das man sich vorgenommen hat zu akzeptieren und liebzuhaben, bringt seine "Drohungen" nicht etwa – wie später – im scherzhaften "spielerischen" Tonfall vor, sondern mit dem verbissenen Gesicht des kleinen Masochisten, der lieber *leidet* als *lernt*. Leiden kennt man, hat man lange genug gemußt, da weiß man, was man hat und, was einen erwartet, und versehen mit dieser Rollensicherheit wird Leiden dann zur Lust. Da Y nicht

mitbekommt, mit welch säuerlicher Beimischung wir unsere "frisch-fröhlichen" Kommentare geben, ist ihm schnell der Wind aus den Segeln genommen. Einer der wenigen Fälle, in denen seine Unsensibilität von Nutzen ist . . .

Auch in Konfliktsituationen verhalten wir uns häufig "gespielt", weil wir ihn mit unseren eigentlichen Gefühlen nicht belasten oder entlasten wollen. So spielen wir "cool", als er nach einer Übernachtung in dem ausgesprochen autoritären Milieu der Familie eines seiner "Freunde" auf unsere – wohlweislich – gespannte Frage: "Na, wie war's?" antwortet "Heut war der erste Tag schöner als zu Hause. Ich will jetzt jedes Wochenende dahin – kann ich ganz zu denen?" Wir schlucken's runter, und lassen ihn wieder hin, innerlich wütend, daß er ausgerechnet in dieser kinderfeindlichen Umgebung so faszinierend "funktioniert" und wenn wir ihn abholen, so tut, als wären wir Luft und der letzte Dreck für ihn.

Aber noch am selben Abend ist er "geheilt": "Nee, soo'n Vater will ich nich haben, der B. muß immer nur Bier für den holen, Bier, Bier, Bier – der trinkt an einem Tag soviel wie ihr in der ganzen Woche nicht!! und meckern tut er auch immer gleich!" Nun – meckern tun wir denn auch, z. B. daß er duschen soll und nicht gleich fernsehen. Aber nach diesem schon zur lieben Gewohnheit gewordenen "Begrüßungsstreit" spürt man doch, daß er froh ist, wieder zu Hause zu sein. In dieser Zeit gibt es auch die erste Entschuldigung (zu I., die ihm auf seinen Wunsch hin alles zum Anstreichen-Helfen fertigmachte, worauf "Monsieur" dann plötzlich keine Lust mehr hatte).

Auch hier spielen wir Rollen, die nicht unseren eigentlichen Gefühlen entsprechen: Wir sind geduldig (sein ewiger Egoismus!), wo wir eigentlich heulen könnten, wir bleiben sachlich (Lautstärke!), wo wir eigentlich die Wände hochgehen könnten. Wir sind wütend, wo wir eigentlich volles Verständnis haben und machen ihm Vorwürfe, wo wir eigentlich wissen, daß er – noch – so und nicht anders handeln konnte. Wenn er z. B. in seinem vom eigenen Geld gekauften Boot stehend, vom Wasser her einladend ruft: "Na, B., willste mit?" . . . "jaaaa!!" . . . "darfst aber nich, hähähä!", bringt er die anderen Kinder, die sich wie wild auf das Bootfahren gefreut haben, zum Heulen und zieht sich ihren Haß und Neid zu. Wir zeigen uns – mit Argumentation – sehr abgestoßen von solcher "Angeberei", verstärken die Kinder bei der Wahrung ihrer "Würde" und ihn selbst bei den geringsten positiven Ansätzen.

Wenn er es allzu schlimm treibt – wann hat er schließlich früher mal so angeben können!? – vereinzeln wir ihn und spielen tröstend und demonstrativ mit den anderen Kindern, um ihm zu zeigen, daß dies Verhalten keineswegs die erwünschten Folgen (nämlich hofiert zu werden) nach sich ziehen muß. Das Bewußtmachen seines eigenen Verhaltens ist überhaupt eine ganz schwierige Sache. Mit der Zeit wird es Usus, jeden Konflikt "nachzusprechen"; Y registriert das mit wachsender Sicherheit – er kann darauf vertrauen, daß irgendwann, spätestens nach einem Tag, Hilfsangebote kommen, wenn er sich in seine Trotzburg verrannt hat. Es ist aber nie gleich "alles wieder gut", sondern wir fragen ihn erst mal nach *seiner* Bewertung des ganzen Ablaufes. Wenn dann nicht viel kommt, vermitteln wir behutsam unsere Sichtweise und versichern uns dabei immer wieder, ob er bestimmte gedankliche Schritte auch wirklich nachvollziehen kann. An vielen konkreten Beispielen aus ihm geläufigen oder vorstellbaren Situationen erklären wir ihm, wie solch ein Verhalten wirkt, was die Folgen sind und fragen ihn, was *er* dazu meint, wie *er* sowas finden würde, was wohl die Gründe für so ein Verhalten sind, (z. B. I: "Kommste mit, ich spendier dir ein Waldmeistereis!" – Y: freut sich, das Wasser läuft im Mund zusammen . . . I: kauft sich selber eins und ißt ihm genüßlich was vor).

Die letztgenannte Frage kann er natürlich noch nicht beantworten, aber wir führen ihn bereits auf die Fährte nach verborgenen Wünschen und Ursachen:

"Im Heim ham wir immer gelogen . . . – Meinst du nicht, daß da ein Unterschied ist? – Wieso denn? – Naja, ich könnte mir vorstellen, daß man im Heim auch schnell was Falsches sagen *mußte*, damit man nicht gleich als der Schuldige dastand und eine geditscht bekam . . . – Joo! – Ja und? – Ja, was denn?? – Na überleg mal, wenn man *keine* geditscht bekommt, braucht man doch eigentlich auch nicht zu lügen. – Jo . . . – Na dann könntest du doch jetzt mal in Ruhe erzählen, wie's gewesen ist . . . – Jo – eigentlich . . . – Na dann leg los!"

Seine Fähigkeit, echt zu sein und echt zu reden, ist verschüttet worden durch jahrelange Überanpassung, "Fähnchen-nach-dem-Wind-Hängen" und verkrampftes Verhalten (z. B. Kirchenbesuche). Langsam lernt er wieder das Reden; lernt zu sagen, was er meint und zu meinen, was er sagt. Denn "quatschen" tut er ja pausenlos, überlaut, von morgens bis abends, auf Tonband, singend, schreiend, jaulend. Vom "Großen Macker-Macker", der "alles kann" und überhaupt "der Größte" ist; – durchaus unterhaltsam und witzig, aber furchtbar aufgesetzt und oberflächlich. Wir nennen das: "Du spielst mal wieder den Clown" und problematisieren es erst, als Y damit in der Schule nach anfänglichen Erfolgen voll auf den Bauch fällt.

3.1 Normen und Identifikation

Die Familie setzt dem Kind neue Normen vor. Da es aber keine "guten" und "schlechten" Normen an sich gibt, sondern nur solche, die der gesellschaftlichen Realität angepaßt oder nicht angepaßt sind, stellt sich sehr bald die Frage:

Wollen wir dieses Kind eigentlich in diese Realität "einpassen" oder es von ihr auch ein Stück "emanzipieren"?
Es gibt zwei Formen der *Anpassung*, die in diesem Zusammenhang deutlich voneinander getrennt werden müssen: die *passive* (Unterwerfung unter Normen, wie sie in Heimen/Schule/Strafvollzug weitestgehend gefordert und vollzogen werden) und die *aktive* (kritische und permanente Neubestimmung der eigenen Anpassung im Spannungsfeld gesellschaftlicher Zwänge). Das hat unmittelbare Konsequenzen für die Normen der Gastfamilie; wenn diese durch ihre Integrationsbemühungen nicht wieder in dem vernachlässigten Kind Möglichkeiten ersticken, sondern etwas freisetzen will, dann müssen die Normen, die das Kind sich zu eigen machen soll, *reflektiert* sein, müssen *bewußt* für *verbindlich* erklärt und ebenso bewußt *verändert* werden können.
Ein Beispiel sei hier die Leistung. In unserer Gesellschaft ist Leistung *unbedingt* vonnöten. Eine aktive Anpassung an die Leistungsgesellschaft aber nennt die Bedingungen, unter denen sie Leistung für nötig hält. Sie emanzipiert sich damit von dem "*man* muß leisten . . ." (als Objekt von Normen) zu dem "*ich* leiste, soweit als ich bestimmte Notwendigkeiten akzeptiere bzw. bestimmte Motive verspüre . . ." (als Subjekt von Normen).
Wer sich also *kritisch* mit Normen auseinandersetzt und lernfähig bleibt, braucht keine Skrupel bei massiven Identifikationsangeboten zu haben. Denn die *Identifikation* ist das zentrale Vehikel, über das das Kind altes Verhalten abbaut und neues lernt. Die Furcht, das Kind übernehme kritiklos und untertänig statt der alten Normen nun einfach die neuen, ist unbegründet. Im übrigen wirken dem mehrere therapeutische Momente entgegen. "Vorleben" von erwünschten Verhaltensweisen hat den Vorteil,

- den Lernprozeß in enge Wechselbeziehung zu den Emotionen zu stellen, die das Kind gegenüber den "Modellen" hat (gernhaben, anhimmeln, Wertschätzung-erlangen-wollen, bewundern),
- den Kriterien der Dauer, Häufigkeit und Intensität zu genügen, die etwa in der Verhaltenstherapie wichtig sind, und
- ein bisheriges Defizit aufzufüllen. Die Identifikation mit geliebten Menschen (die in der Vorgeschichte ja nicht ausreichend zur Verfügung standen) ist lebensnotwendig und die Grundlage für Sensibilität, Betroffenheit, Liebes- und (spontane!) Leidensfähigkeit.

Die beiden anderen wichtigen "Träger" von Umlernprozessen, nämlich das *Bewußtmachen* (rational-verbal) und das *Konditionieren* (trainierend-unmündig) haben ihren spezifischen Wert immer dann, wenn bestimmte Alters-, Problem- und Persönlichkeitsschwerpunkte das Lernen am Modell der beteiligten Personen erschweren.

Am ersten Tag kommt Y strahlend aus der Schule; am nächsten Morgen sagt er: "Ich weiß gar nicht, ich geh auf einmal so gern zur Schule . . ." und in der folgenden Woche wird er von allen Mädchen und einigen Jungen zum Klassensprecher gewählt. Wir "freuen" uns zwar mit ihm, aber insgeheim fragen wir uns, wie so etwas möglich ist; ein retardiertes 11jähriges Heimkind – in einer neuen Klasse in einer vollkommen neuen Schulatmosphäre – und trotzdem solche "Erfolge"?!

Uns dämmert bereits, daß man in einem fünften Schuljahr nach der Devise "großes Maul und nichts dahinter" u. U. viel erreichen kann. Der Kontakt zur Klassenlehrerin bestätigt es; Y "blendet" tatsächlich recht geschickt. Er spielt als einziger mit Mädchen, was die anderen Jungen altersadäquat ablehnen – er äußert als einziger deutlich und mit Argumenten (man höre und staune!) seine Meinung – spricht viel von seinen tollen Eltern und spielt den redegewandten Witzbold. Die Bewunderung fliegt ihm nur so zu.

Da er in der Domschule zu T. als Heimkind in einer Heimkindergruppe solche berauschenden Selbstwertgefühle gegenüber dem Rest der Klasse nie entwickeln konnte, gönnen wir ihm dieses "Sonnenbad" von Herzen, stehen aber schon auf dem Sprung, ihm beim unausweichlichen Sonnenbrand zu helfen, denn die Welle der Sympathie ebbt bald ab. Die Witzchen sind immer dieselben – andere Kinder mit anderen Qualitäten setzen ihn unter Zugzwang, und das Mädchen, in das er sich so unbändig verliebt, hat für ihn nur ein kühles Achselzucken übrig. Auch die meistenteils informierten und gutwilligen Lehrer (Y ist wegen einem – Gott sei Dank! – nicht bestandenen Aufnahmetest einer Realschule von uns in einer neuen Gesamtschule untergebracht worden) müssen irgendwann mal seine Leistungen kritisieren und so entwickelt sich Y zum Störer in den hinteren Bänken; er schließt sich – permanent quasselnd – einer Gruppe ebenfalls unzufriedener Jungen an. Im Job als Klassensprecher findet er ohnehin keine Identität, da er ja zu Verantwortung oder Altruismus ein naturgemäß getrübtes Verhältnis hat. "Die hören überhaupt nicht auf das, was ich sage (= befehle)" umschreibt er seine Probleme und als sechs Wochen später erneut Wahlen sind, sagt er: "Na ja, eigentlich bin ich froh, daß ich nicht wiedergewählt worden bin."

Im ersten Halbjahr stehen die schulischen Leistungen noch im Hintergrund – den Lehrern geht es etwas mehr um die soziale Integration ihrer in diesem Alter recht schwierigen Klassen. Das gibt uns den Spielraum, das Thema "Schule und lernen" relativ lustbesetzt anzugehen. Englisch als neues Fach ("find ich ganz doof") und Mengenlehre ("versteh ich überhaupt nicht") erfordern ein zusätzliches häusliches Engagement von I. Etwa 3–4mal pro Woche wird ein wenig intensiver geübt; Arbeitsblätter aus der Schule werden

besprochen und erweitert, Vokabel- und Rechenspielchen bewirken ein Wegkonditionieren der Heimerfahrung: Schularbeiten und Üben = qualvolles Arbeiten mit Schimpfen und Ohrfeigen. Während man dort monoton jede Aufgabe vorschreiben, korrigieren und einschreiben mußte, wird hier relativ locker und zwanglos gearbeitet, erst durchgesprochen und verstanden und dann hingeschrieben. Während sich dort die Schularbeiten bis zum Abend hinzogen, werden sie hier zeitlich begrenzt. Während man dort geschlagen und gedemütigt wurde, wenn man etwas fortgesetzt nicht kapierte, klimmt man hier – relativ – geduldig von einer Lernstufe zur nächsten empor. Das alles hört sich ganz gut an und klappt auch für beide Beteiligten – Y und I – recht zufriedenstellend, aber es ist der Grundstein zu einer großen Illusion, die uns erst viel später genommen wird (s. S. 83 ff.). Zu diesem Zeitpunkt sind wir noch nicht in der Lage, die Problematik zu erkennen.
Da Y weiterhin jeden Morgen erwartungsvoll zur Schule eilt, die Noten nicht beunruhigend sind und wir uns bewußt noch immer dem *häuslichen* sozialen Lernfeld widmen, entgehen uns wichtige Entwicklungen im schulischen Bereich. Infolge neuer Einsichten und wegen des Schulbeginns gibt es ein paar neue Regelungen:
"*Zapfenstreich*" ist um 20.30 Uhr, bis 20.00 Uhr hat Y "bettfertig" und in seinem Zimmer zu sein. Begründung: "Du brauchst deinen Schlaf und wir brauchen Zeiten, wo wir ungestört allein oder mit Freunden zusammensein können."
Fernsehen: Nur 90 min. täglich und nur zusammenhängende Sendungen (keine Lückenbüßer-Minuten). Beides wird exakt ausgemacht und kontrolliert (was uns oft zum Hals raushängt), aber wir erreichen dadurch, daß Fernsehen als bewußter Akt nach Qualitätsgesichtspunkten strukturiert und geplant wird und nicht zum dumpfen Ausfüllen von Langeweile dient. Echte Krimis sind (s. u.) nicht erlaubt.
Comics: Es sind alle erlaubt (zum Kaufen und Ausleihen) außer Grusel-, Monster- und Supermancomics. Darauf kommen wir, als Y beim Lesen eines Gespenstercomics abends zu uns schleicht und sagt: "In meinem Zimmer knackt's so komisch" und "sind wirklich nur wir drei in der Wohnung? . . .") wir lassen uns zeigen, was er im Moment liest, erklären ihm unser Verbot (was er geradezu erleichtert einsieht), zerreißen den Comic und geben ihm das Geld, das er dafür ausgegeben hat, zurück. Er kauft sich Mickymaus-Hefte dafür und erspart sich und uns wenigstens *eine* Ursache für seine abgebissenen Fingernägel und schweißigen Hände.
Da wir es unverantwortlich finden, Kindern aufgrund eines angeblich "liberalen" oder "Abhärtungs"-konzeptes Dinge zuzumuten, die sie nicht verkraften (ablesbar etwa an eindeutigen Angstsymptomen bei spannenden Filmstellen), lassen wir Y bei Krimiserien u. ä. nicht mitschauen, auch auf die

"Gefahr" hin, daß er am nächsten Morgen in der Schule nicht mitreden kann, wie der "Kommissar" oder "Colombo" diesmal wieder waren.
Bei spannenden Stellen in sehenswerten Filmen machen wir zwischendurch erläuternde Kommentare oder nehmen beruhigenden Körperkontakt mit ihm auf. Da Y beim Fernsehen oft an uns gelehnt sitzt oder liegt, fällt es ihm nicht weiter schwer, sich auch in kribbelnden Situationen durch Streicheln beruhigen zu lassen. Eine ebenfalls wichtige Regelung ist das "Ritual", daß ein Elternteil jeden Morgen an sein Bett kommt, ihn "wachstreichelt" o. ä., mit ihm frühstückt, das Pausenbrot macht, das *immer* aus Obst, Brot und einer Überraschung wie Lakritz, Lutscher, Schoko oder Kaugummi besteht, und ihm so lange wie möglich am Fenster nachwinkt. Dieses Morgenzeremoniell und auch ein von ihm geradezu rigide eingehaltenes Begrüßungsritual (Kuß beim Gehen, Kuß beim Kommen für jedes Elternteil) registriert er ganz intensiv als Zuwendungspraktik, die er sich tagtäglich "holt" und die vielleicht mehr als die Dinge, die man sonst als Pädagoge wichtig findet, zu seiner Stabilisierung beitragen.

4.1. Förderung der Lust am Leisten

Leistung muß prinzipiell anerkannt, u. U. sogar "über"anerkannt werden (z. B. das erste freiwillige Tischdecken). Hier ist ein Ansatzpunkt für Konflikte im Umgang mit den eigenen Kindern, die vielleicht nicht verstehen, warum sie nicht auch für "Selbstverständlichkeiten" belohnt werden.Bei dem Bemühen, die Leistungsmotivation des Kindes im alltäglichen wie im schulischen Bereich freizulegen und zu steigern, haben wir einiges dazu lernen müssen, das wir im folgenden als einen Katalog *"effektiver Verhaltensweisen"* weitergeben:

- prinzipiell eine positive Rückmeldung geben über jeden vollzogenen Schritt ("guckmal, heute warst du gar nicht beleidigt, als du verloren hast"), bevor man die Forderungen "anzieht"
- prinzipiell Forderungen durchschaubar machen; Sinn und Nutzen erklären; das Aufschieben einer unmittelbaren Befriedigung an kleinen Dingen trainieren (z. B. *nicht* eine Tafel Schokolade auf einmal runterschlingen . . .) durch in Aussicht stellen von Lust (abends gemütlich im Bett lesen und dabei die andere Hälfte der Tafel futtern . . .), die man dann auch konsequent erfüllen muß (abends dann nicht das Schokolade-essen im Bett verbieten, weil das Bettzeug verdreckt wird).
  Gerade die *Konsequenz* macht einem oft zu schaffen, aber nichts ist schlimmer, als die Belohnung für erbrachte Leistung zu "vergessen".
- Durch eine Kontinuität von Leistungs*anforderungen* und Leistungs*be-*

lohnungen ganz allmählich einen Spannungsbogen aufbauen (etwa "Schulzeit" od. "Geld sparen"), aber auch für entsprechende "Kontrastprogramme" sorgen (wirkliche "Ferien", ausgefüllte Wochenenden, Spielzeiten, spontanes Geldausgeben)
- durch entsprechende Informationen (psychologische Tests, Persönlichkeitsdiagnose, Lehrergespräche, eigene Beobachtungen) das Leistungs*potential* des Kindes realistisch einschätzen lernen und sowohl eine Unter- wie auch eine Überforderung vermeiden
- im Schulalltag die Hilfestellung bei Hausaufgaben und Übungen dem spezifischen Lernstil des Kindes anpassen; *tendenzmäßig* werden alle schwächer leistungsmotivierten Kinder davon profitieren, *wenn* . . .
  - wenig, aber oft geübt wird
  - in abwechslungsreicher Form wiederholt wird
  - "zuverlässige" Methoden wie Regel-lernen und Vokabelgleichung-Abhören gewählt werden
  - das eigentliche Üben zu einer festen Tageszeit stattfindet
  - eigentlich "rund um die Uhr" gelernt wird -- alle Fragehaltungen und Fragestellungen des Kindes aufgreifen und es für neue Dinge begeistern
  - das gesamte schulische Lernen – soweit Geduld und Phantasie ausreichen – mit Spaß und Wertschätzung verbunden bleibt. Einfacher Gradmesser dafür ist die Frage, ob das Kind die Beteiligung der Gasteltern an seiner Schulwelt als "notwendiges Übel" oder als "Extraportion an Zuwendung" einstuft.

Noch einmal muß aber gesagt werden:
Das Kind lernt am intensivsten und zuverlässigsten von dem Beispiel, das die Personen in seiner neuen Umwelt ihm vorstellen. Die Voraussetzung dafür ist aber, daß es diese Personen *mag; und das wiederum wird durch Nörgeleien, Unzufriedenheit und Überforderung im Leistungsbereich erheblich erschwert. Gasteltern brauchen nicht ungeduldig zu sein, wenn das Kind sich schulisch nicht bessert, weil sie den richtigen Zugang zu seiner verschütteten Motivation noch nicht entdeckt haben – aber sie sollten es sich zum Vorwurf machen, wenn sie die schlechten Bedingungen, aus denen es zu ihnen kam (etwa: Vernachlässigung) lediglich durch andere schlechte Bedingungen (etwa: Überforderung) ersetzen und damit die Motivation u. U. gänzlich untergehen lassen.*

5. Große Kurskorrektur

Der Damm scheint allmählich zu brechen. Innerhalb von zwei Tagen regulieren sich plötzlich Dinge, die vorher mühselige Diskussionen auslösten oder von ständigem Maulen begleitet waren. Irgendwann hakt also wohl die Einsicht bei Y ein, daß es auch bei uns Grenzen gibt. Er hat es plötzlich akzeptiert und für alle ist ein wichtiger Schritt vollzogen.

In diesem Stadium sagen wir uns immer: "Jetzt, wo die Umgewöhnungsmakken langsam abklingen, werden die *eigentlichen*, die ganz spezifischen Defizite Y's zum Vorschein kommen." Die "Erfolge", die wir verbuchen konnten, werden wahrscheinlich nur den Start für die eigentliche Therapie signalisieren.

So ist es denn auch. Vieles scheint besser zu laufen. Das Bettnässen geschieht nur noch sporadisch; da es uns absolut sinnlos erschien, am Phänomen zu kurieren und nachts sprungbereit mit dem Topf am Bett zu sitzen (wozu wir auch zu faul waren – Pflegeeltern brauchen einen *guten Schlaf*...), haben wir Y ins Bett machen lassen, wann immer ihm danach zumute war. Die Belastung trug die Waschmaschine. Einige Wochen lang waren Bett- und Nachtzeug jeden Morgen naß, dann nur noch alle 2–3 Tage und dann nur noch in Belastungssituationen.

Y hält Gespräche über Konflikte schon besser aus; er erscheint insgesamt ruhiger, überlegt ab und zu schon, was er sagt, korrigiert sich dann und äußert schließlich das, was er eigentlich meint. Alle "Manien" scheinen abgebaut; kein ausschließliches Comic-lesen und -kaufen mehr; Fernsehen wird normaler und rücksichtsvoller; das Essen verläuft durchweg normal (er wundert sich sogar, wieviel er hier ißt und warum er "auf einmal so'ne Lust am Essen " hat). Das Verhalten zu Freunden wird bewußter und einheitlicher ("ich versprech dir, daß ich heut nicht wieder soo'n Scheiß mache"). Y akzeptiert mehr, wenn auch mit Ausnahmen – die kleinen und kleinsten täglich anfallenden Bemerkungen und Ratschläge von uns. Er kokettiert damit, weder "Sohn" ("ihr seid ja gar nicht meine richtigen Eltern" – ätsch) noch "Pflegesohn" ("das hört sich so doof an") betitelt werden zu wollen. Am Telefon meldet er sich mit unserem Namen und in der Schule erzählt er, was "sein Vater" und "seine Mutter" alles Tolles zu diesem und jenem Thema gesagt haben. Die Identifikation läuft auf vollen Touren. Das Umgehen mit dem Taschengeld klappt noch nicht; meistens sind die 7.50 DM pro 14 Tage am zweiten Tag schon in Comics umgemünzt und er ärgert sich furchtbar, daß er "jedesmal wieder!" 12 Tage auf dem Trockenen sitzt. Wir reden ihm nicht rein, lassen uns aber auch auf keinerlei Vorschuß-Bettelei ein, geben ihm den Tip, sein Lesebedürfnis durch die Stadtjugendbücherei kostenlos zu stillen oder mehr Comics zu tauschen.

Er findet das auch alles gut, aber die Praxis hinkt einige Monate hinter der Einsicht hinterher. Sei's drum – es ist jedesmal *sein* Geld und *sein* Ärger. Strafen durch Geldabzug (wie im Heim) gibt es prinzipiell nicht, Belohnung in Geldform auch nicht. Nur einmal schenkt H. ihm noch einen Fünfziger dazu, als er es endlich geschafft hat, einen Tag vor dem ersten noch 2.50 DM übrig zu haben und er darauf "irre stolz" ist. "Das mach ich jetzt immer so" verkündet er überzeugt und rechnet schon aus, was er sich dann in zwei

Jahren davon kaufen kann. Aber in der nächsten Woche klappt's wieder gar nicht, und wir sagen dann nicht "siehste", sondern "nimm dir nicht soviel vor, das klappt oft nicht mal bei Großen!"
All das, was so positiv ist, läuft jedoch nur, wenn wir ständig "am Ball" oder besser: "am Drücker" sind. Sobald Y in einer anderen Umgebung ist, deren Einfluß dominanter ist als unserer, ist es aus damit. Rollenunsicherheiten auf beiden Seiten führen zu Eskalationen unangenehmer Art. Wir können Y kaum länger als einen Tag einer anderen Person oder Familie ohne unsere Anwesenheit "zumuten". Er reagiert geradezu allergisch auf alle Versuche, auf ihn als Person mit Zuwendung, Gesprächsangeboten oder Handlungsaufforderungen harmlosester Art einzugehen. Da in seinem Schwarz-Weiß-Raster menschlicher Beziehungen nur Extreme wie "klare Anweisungen ↔ Desinteresse" oder "Lohn↔ Strafe" vorkommen, kann er keine Rolle finden, wenn er auf eine ganz normale, nicht zweckgerichtete Kommunikation reagieren soll. Er wird dann unsicher – verstärkt durch die leicht mitleidvolle Komponente bei seinem Gegenüber, die oft den Anspruch beinhaltet, zu diesem vernachlässigten Kind *besonders* nett zu sein – und fällt in die gewohnte Abwehrhaltung der frechen "Großschnäuzigkeit" zurück. Dies frustriert das Gegenüber und stachelt es womöglich zu noch intensiveren Bemühungen an. Es ist nicht bei allen Leuten, die ihn und uns erleben, möglich, diese Problematik transparent zu machen und zu einem adäquateren Verhalten aufzufordern; so kommt es zwangsläufig zu Konflikten für uns, wenn wir weder die eine noch die andere Seite überfordern wollen. Dennoch reduzieren wir Außenkontakte mit ihm keineswegs und tragen uns in der tröstenden Überzeugung, daß es ohnehin keine "Prachtkinder" geben kann, mit freundlicher Geduld. In eineinhalb Jahren ist Y aus diesen Gründen auch nur einmal für 2 Tage von uns getrennt.
In Konfliktsituationen verhalten wir uns wortkarg und distanziert, wenn wir voraussetzen können, daß Y sich nach entsprechender Anstrengung daran erinnern können wird, was wir zu diesem oder jenen Verhalten "schon hundertmal gesagt haben". Eines Tages trauen wir kaum unseren Ohren, als er sagt: "Ich glaub, ich hab vorhin Scheiße gebaut . . ." Wir bleiben dann sachlich, fragen "wieso?" und lassen ihm durch seine eigene Schilderung noch einmal den Ablauf, die Ursachen und die möglichen Lösungen des Konflikts deutlich werden. Keine Moralpredigten also und auch nicht die Routinemasche nach dem Motto: "Sag' ich mal schnell, ich habe das und das falsch gemacht, dann ist die unangenehme Spannung vorbei und ich kann wieder die Hand aufhalten und Zuwendung kassieren!"
Das Stichwort "Hand aufhalten und kassieren" bezeichnet denn auch eine Grundeinstellung von Y, die sich eines Tages für uns so plötzlich und deutlich offenbart, daß wir beide ganz erschrocken über unsere bisherige Blind-

heit gegenüber dieser Tatsache, über unsere illusionären Hoffnungen betreffs Y's irgendwann einmal einsetzender "Selbststeuerung" und über die zunächst trostlosen Konsequenzen für unser Erziehungsverhalten zusammenfahren und für einige Tage sehr deprimiert sind.

Y hat zwar Anpassungsfortschritte gemacht, aber sein penetranter durch nichts zu beeinflussender Egoismus, sein widerliches "Lust-Unlust-Raster", an dem er alles, aber auch alles mißt, fangen plötzlich an, in unser pädagogisches "Gesichtsfeld" zu rücken. An einer kleinen Situation (H. muß im Advent zu einer Tagung fort und bittet Y unter großem Zeitdruck, ihm schnell eine Tasche zu holen, die wir einer um die Ecke wohnenden Familie ausgeborgt haben, worauf Y ihm schlicht sagt "ich hab jetzt keine Lust, ich will noch mit der Straßenbahn rumfahren, bis die I mit dem Essen fertig ist") wird uns bewußt, was eigentlich noch vor uns liegt, nachdem wir schon auf 5 Monate harter Arbeit zurückschauen können. Wir sind – aus welchen Gründen auch immer – niedergeschmettert und hilflos. Tausend Fragen gehen uns durch den Kopf.

Ist das alles nur eine bequeme Anpassung an die neue Umgebung; Änderungen im äußeren Verhalten statt Einstellungsveränderungen? Wo bleibt die Identifikation auch mit unseren sozialen Gewohnheiten? Wo wirkt denn unser "gutes Vorbild", die Tatsache, daß wir uns ihm und so vielen anderen gegenüber genau *nicht* egoistisch verhalten, was er doch täglich mitbekommt? Werden wir, um diese "Erfolge" sichern zu können, hinter ihm her rennen müssen, bis er 18 ist, immer nur nachhaken, kontrollieren und nochmal kontrollieren? Ist er überhaupt nicht fähig, mal irgend etwas – und sei es nur die kleinste Gefälligkeit – uns zuliebe und ohne Sanktionen zu machen? Kann dieser Schmarotzer nur immer wieder gierig nach allem schnappen, was ihm Lust bereitet ohne den Ansatz, etwas abzugeben? Wenn wir immer so weiter rumstrafen, -belohnen, -besprechen, rumkontrollieren, *verhindern* wir dann nicht gerade das, was wir uns für später – unausgesprochen – als Lösung und Ablösung vorstellen – nämlich den allmählichen Übergang zu Eigensteuerung. Ist es unser pädagogisches "Los", ständig sagen zu müssen, was "richtig" ist und was "falsch"? In diesem Moment jedenfalls finden wir diese Rolle zum Kotzen. Während wir noch über all das nachdenken und uns klarmachen, wie wenig Substantielles sich wirklich geändert hat, dämmert uns langsam, daß es keinen anderen Ausweg geben kann, und daß es sehr heilsam war, in diese Sackgasse falscher Hoffnungen gelaufen zu sein. Denn Y ist kein "normales" Kind für uns – wir haben ihn schon weitgehend "fertig" vorgesetzt bekommen; also können auch keine "normalen" Maßstäbe gelten – wie wir sie uns etwa für Kinder in anderen Familien oder unsere eigenen Kinder vorstellen könnten – es fehlen dazu alle Voraussetzungen: Informationen, "lebenslange" Vertrautheit mit Entwicklung, Schwä-

chen, Stärken, Belastbarkeit, Ansprechbarkeit des Kindes. Nichts, das einen in die Lage versetzen könnte, eine exakte Diagnose, gut dosierte Lernschritte und eine realistische Prognose ("bis dann müßte sich das und das gelegt haben") zu definieren.
Alles, was wir können, ist, so auf das Kind zu reagieren, wie es mit seinen momentanen Spannungen, Bedürfnissen, Fähigkeiten und Grenzen vor uns steht – nichts anderes, keine Planungen, keine Zukunftsmusik. Erst einmal alles ausfindig machen, was da *noch* verschüttet ist. Und die dringendste Voraussetzung dafür ist eine für das Kind stabil bleibende Umgebung aus Zuwendung und exakt begrenztem Spielraum.
Noch haben wir uns aber nicht ganz zu diesem Mut zum scheinbaren "Entwicklungsstillstand" durchgerungen. Wir haben für dieses Wochenende den Überblick verloren und tun deshalb etwas, was sich in nachhinein als ganz richtig erweist: wir sagen Y klipp und klar und mit ehrlichem Leidensdruck, daß wir nicht mehr wissen, wie wir mit seinem Egoismus umgehen sollen. Fast 3 Stunden lang macht H. ihm klar, wie sehr er durch Y's Verhalten verletzt worden ist und was er eigentlich von ihm erwartet hätte.

"Wenn du im Heim immer kassiert hast, wo's nur ging und soviel wie möglich abstauben wolltest, das kann ich ja gut verstehen. Aber wann merkst du bloß mal, daß das in einer Familie nicht geht. Wenn I und ich uns so verhalten würden wie du, könnten wir's nicht einen Tag miteinander aushalten! . . ."

Y ist sehr betroffen über unsere plötzlich so echt gezeigten Gefühle. Es geht ihm so nah, daß er zum erstenmal in der Lage ist, zu weinen. Wir meinen, erkennen zu können, daß ihm seine Zuneigung zu uns und sein daran gemessen sehr schofles Verhalten sehr tief bewußt wird. Wir bitten ihn herzlich, sich und uns das Leben dadurch zu erleichtern, daß er ab und zu darüber nachdenkt, ob er nicht auch mal was – gegen seine momentane Lust – uns abgeben oder "schenken" könnte. Er sagt, er möchte es gerne und wir machen ihm an Beispielen klar, daß es durchaus auch lustvoll sein kann, jemandem etwas Liebes anzutun. Wir fänden es schließlich auch schön, daß er zu uns gekommen sei, auch wenn es für uns oft Arbeit und Ärger bedeuten würde . . .
Y und wir selber sind viel gelöster nach dieser Kurskorrektur; jeder weiß wieder, was er zu tun hat. Er muß sich anstrengen, auch mal an andere zu denken. Wir müssen endlich dazu stehen, daß sich alles nur langsam und durch einen Erziehungsstil entwickeln kann, der uns "eigentlich" gegen den Strich geht. An Zeiten über die nächsten Monate hinaus zu denken, sollten wir uns schleunigst wieder abgewöhnen.

5.1 Belastung für die Gasteltern

Über die Art und Intensität der Belastungen, die sich für Gasteltern ergeben, lassen sich allgemeingültige Aussagen sehr leicht machen. Die folgenden Aspekte von "Streß" werden immer wieder in Kontakten zu anderen Gastfamilien genannt:

- 24stündiger Handlungszwang – besonders in der turbulenten Eingewöhnungszeit und in den periodisch wiederkehrenden Krisenphasen.
- Ständiges Durchziehen einer reflektierten pädagogischen Rolle entgegen grundsätzlichen oder momentanen eigenen Bedürfnissen (z. B. Streben nach mehr Partnerschaft mit Kindern; bestimmte Stimmungen wie Aggressivität oder Entspannung und Harmonie).
- Ständige Unsicherheit und Zweifel an der Richtigkeit vollzogener oder geplanter Interventionen, bedingt durch Informations- und Beziehungsdefizite gegenüber dem "fast fertigen" unbekannten Kind.
- Zusätzliches Engagement – Berichteschreiben, u. U. Tagebuchschreiben, Supervisionsstunden, Gespräche mit dem Partner, mit Freunden und Fachleuten, Behördenkontakte, Kontakte mit der leiblichen Verwandtschaft des Kindes, zu sätzliche Schulkontakte/Elternbeirat, Auseinandersetzung mit Betroffenen bei eventueller Devianz des Kindes (Schlägereien, Diebstahl usw.).
- Eigene Disziplinierung bei Konfliktprozessen
  - Adressaten von Aggressionen auseinanderhalten. Ein Konflikt mit dem Kind kann am Partner ausgelassen werden; ein Konflikt mit dem Partner kann am Kind ausgelassen werden;
  - keine Anpassung an die verführerischen Maßstäbe der Umwelt – klaren Kopf behalten (auch zehnmal wiederholtes Fehlverhalten muß nicht "boshaft" oder "stur" sein);
  - konsequentes Kontrollieren von Geboten und "Selbstverständlichkeiten" (auch nach 2 Jahren muß sich die Norm des täglichen Duschens noch nicht verläßlich eingespielt haben!).
- Ambivalenzen aushalten bzw. zu lösen versuchen
  - Abwägen von Interventionen (das Kind hat gleichzeitig Abendbrot gemacht – dickes Lob – und zum -zigstenmal eine Gefälligkeit verweigert – zeigen von Enttäuschung – was also tun?)
  - Das eine Kind ist ein ständiger Belastungsfaktor (wenig Zeit und Ursache für Selbstbestätigung), das oder die eigenen Kind(er) dagegen sind, u. U. ein viel reibungsloserer und befriedigender Faktor innerhalb der familiären Interaktionen
  - Umgehen mit sämtlichen Widersprüchen, die im Kapitel "Konfklikte für Gasteltern" aufgeführt sind.

Zwei sehr wichtige *Entlastungsfaktoren* scheinen uns jedoch vorhanden zu sein.

1) Der *prinzipielle Verzicht* auf Bedürfnisse nach Erfolg bzw. Dankbarkeit.

Die Gastfamilie begleitet das Kind nur noch für einen bestimmten Entwicklungszeitraum durch dessen Leben und kann, braucht und darf sich bestimmte "Schuhe" nicht "anziehen" – was ungeheuer entlasten kann. Sie ist nicht verantwortlich für den "Ist-Zustand" des Kindes und daher auch nur bedingt verantwortlich für einen irgendwie zu definierenden "Soll-Zustand" des Menschen, den sie irgendwann entläßt. Umgekehrt dürfen und brauchen die "Webfehler" des Kindes dann nicht als persönliche Angriffe, Boshaftigkeit, Undankbarkeit bewertet werden, was den pädagogischen Spielraum und die eigene Offenheit für das Kind stark vergrößert.

2) Die *Supervision*

Wir halten Supervision – mit welchen Erwartungen, welcher Durchführungsart und Schwerpunkten auch immer – für *unverzichtbar*. Wenn sie in der Lage ist, den am Prozeß der Integration unmittelbar Beteiligten ein Forum zur Veröffentlichung ihrer Erfahrungen, Wünsche, Reflexionen, Spekulationen usw. zu sein, hat sie die große Chance, "blinden Flecken", Verfestigungen, Fehldeutungen, Entmutigungen auf seiten der Gastfamilie vorzubeugen und abzuhelfen und damit das Erziehungsgeschehen und die Förderung des Kindes auf dem Weg der *notwendigen* Belastungen entlangzusteuern.

6. Urlaub zu 3 ½

Jetzt fühlen wir uns wieder sicherer; wir haben bis unter die Knochen gespürt, daß ein Kind aus diesem Milieu zur Selbststeuerung im sozialen Bereich überhaupt nicht fähig ist, sondern ständig latenten Druck und entschiedene Handlungsanweisungen braucht. Wir geben also unsere Skrupel ein für allemal auf (was nicht heißt, daß wir nicht noch oft an diesem Punkt zu knacken haben werden) und leisten damit den für uns entscheidenden Schritt auf dem Weg zur Sache eines Erziehungskonzeptes. Erst viel später wird dieser Schritt durch den Erfahrungsaustausch mit anderen Pflegeeltern voll bestätigt.

Das Fernsehen hat sich angesagt; ein Kurzfilm über unseren "Tageslauf" steht an; Y fühlt sich als großer Star, kotzt die ganze Nacht und kann somit am nächsten Tag nichts von der Bohnensuppe essen, die wir aus aufnahmetechnischen Gründen im heißen Scheinwerferlicht uns sage und schreibe viermal zu Gemüte führen müssen; nicht nur er ist nach einem Tag voll platzender Lampenbirnen, über-Kabel-stolpern, sich-Regieanweisungen-fügen, Szenen-wiederholen und Interviews rechtschaffen kaputt. Als nach den Weihnachtsferien ein paar Mitschüler die – viel zu früh ausgestrahlte – Sendung gesehen haben, ist er zwar stolz, aber schon bei dem darauffolgenden Zeitungsinterview, bei dem auch 80 Photos aufgenommen werden, hat er keine Lust mehr. Wir müssen ihm unsere Motive (evtl. mehr Leuten Mut zu machen, Kinder aus dem Heim zu holen oder aber falsch Motivierte davon

abzuhalten) erst nochmal erklären; sehr überzeugt vom Nutzen solcher Publikationen sind wir damals zwar selbst nicht mehr ganz, und nach weiteren schlechten Erfahrungen mit der Presse kommen wir schließlich zur Einsicht, daß so differenzierte Sachverhalte wie diese nicht mit den "Gesetzen" der Massenmedien in Einklang zu bringen sind. Y wiederum zieht eine ebenfalls nicht alltägliche Konsequenz: alles, bloß kein Filmschauspieler werden zu wollen. Auch ein Job als Kameramann läßt ihn kalt. (Immerhin, gar nicht so schlecht für einen Fernsehsüchtigen!)
Weihnachten verläuft sehr ruhig und für uns einigermaßen enttäuschend; Y reagiert auch hier nicht sehr anders als sonst. Er hat sich zwar in den letzten Wochen um ein bißchen mehr Rücksichtnahme bemüht und uns ist natürlich auch klar, daß ihn das erste Weihnachten "draußen" überwältigen *muß*. Seine Erwartungen gehen ins Unermeßliche – schließlich weiß er, daß in Familien nicht nach "Geschenksätzen" (zum Geburtstag: 15.-, zu Weihnachten 30.- als obere Grenze) beschert wird. Wir haben auch fest vor, diese Erwartungen bei diesem ersten mal so weit wie möglich zu erfüllen, denn seinen Nachholbedarf halten wir für legitim. Aber er hat so sture Vorstellungen, daß die Geschenke so und nicht anders zu sein haben, daß er nicht flexibel genug ist, sich über unerwartete auch zu freuen – das von H. mit soviel Liebe und Ideen gebastelte Parkhaus (als Unterkunft für seine unzähligen getauschten und gesammelten Autos), bleibt unbeachtet in der Ecke stehen. Wir fühlen uns enttäuscht wie kleine Kinder, aber wir lassen uns nichts anmerken und denken, daß es im nächsten Jahr schon ganz anders laufen wird. Außerdem kann er sich an der Art, wie sich seine Eltern beschenken, abgucken, daß man sich gerade über eine Überraschung sehr freuen kann.
Unser bevorstehender Urlaub fängt vieles an Gefühlen dieser Art auf; alle freuen sich, in Schnee und Sonne herum zu toben und das Schnupfenparadies hinter sich lassen zu können. Mit besonderer Spannung sehen wir der Tatsache entgegen, daß Y nun – in der Ruhe und Beziehungsdichte des Urlaubs – erfahren wird, daß I. schon 3 Monate lang schwanger ist, und er somit im Sommer ein weiteres Kind als Konkurrenten (oder auch nicht) wird "einplanen" müssen.
Vorerst versichert er sich ständig, daß wir auch *wirklich* fahren, *wirklich* um zehn Uhr, und daß wir *wirklich* im Schnee landen. Man merkt, daß er erst zweimal – mit der Kinderheimgruppe – das Vergnügen von Vorfreude, Kofferpacken usw. erlebt hat. Überselig hüpft er am Abend vor der Abfahrt durch die Wohnung, in der sich das Gepäck stapelt und singt, schreit, tanzt: "Oh, wie gehts mir gut . . ."
Als wir ihm dann ein paar Tage später von seinem künftigen "Geschwister" erzählen, ist seine erste Reaktion: "Und wer macht dann mit mir Schularbeiten?!" Ob er damit meint, daß er Schularbeitenmachen als ihm zustehende

"Streicheleinheit" genießt und/oder daß das unbekannte Kind die Mutter so beanspruchen wird, daß er ihre Zuwendung verliert, wissen wir nicht. Wir können ohnehin in der Folgezeit nur immer indirekt auf seine Ängste, Hoffnungen und sonstigen Gefühle gegenüber dem Kind schließen, denn nach außen hin verhält er sich so, daß es uns nicht beunruhigen muß: immer mal wieder fällt ihm was zum Thema ein, das er dann vorbringt und fragt, aber dies geschieht sporadisch und ohne Leidensdruck. Wir brauchen nicht befürchten, daß er direkte Ängste hegt.

Wir nutzen denn auch fleißig die Gelegenheit, ihm Dinge, die er schon "vor unserer Zeit" oder durch uns vermittelt von Sexualität gewußt, aber nicht unbedingt begriffen hatte, nun plastisch anhand eines ihn unmittelbar betreffenden sozialen Geschehens zu verdeutlichen: daß wir miteinander geschlafen haben, weil wir uns liebhaben und dieses Kind – genau wie wir ein Jahr zuvor *ihn* – haben wollten; daß wir auch miteinander geschlafen haben, als wir noch kein Kind entstehen lassen wollten; daß dazu aber die regelmäßige Einnahme der Pille (was er ja jeden Morgen miterlebte, aber nicht unbedingt – trotz Erklärung – auch verstand) nötig war; daß Hormone dafür sorgen, daß alle für das Leben des Kindes wichtigen Vorgänge auch richtig ablaufen; daß es durch diese Hormone der Mutter am Anfang oft schlecht war (was kein Grund zum Jammern ist, denn es hat ja einen guten Sinn. Y schimpfte nämlich oft in den vergangenen Monaten über die ominöse "Krankheit", die I. so schlapp machte; im nachhinein soll er nun nicht den Eindruck haben, daß einem die Freude auf ein Kind dadurch vergällt werden muß); daß dieses Kind jetzt schon lebt, als Junge oder Mädchen ("was hättest *du* denn lieber? . . ."), daß es, während wir hier sitzen, in der Fruchtwasserblase herumschwimmt und sich von I's Essen das herausholt, was es im Moment braucht ("Eiweiß z. B., habt ihr ja neulich in der Schule durchgenommen . . .").

Es erweist sich als richtig, daß wir Y erst jetzt – abseits von der Hektik der Vorweihnachtszeit und unserem eigenen Streß – die Möglichkeit geben, sich langsam an die neue Lage zu gewöhnen. Entsprechend spontan und unverblümt sind seine "Ab-und-zu-Kommentare":

"Wenn das Kind mehr als 50 cm lang ist, wie soll das denn in deinen Bauch reinpassen!!"

"Stirbst du denn nicht bei der Geburt? . . . hab ich immer gedacht!"

" . . .und wenn das Kind dann sagt: du kommst ja aus dem Heim?"("Dann kriegt es paar aufs Nüßchen, denn sowas mögen wir nicht. Außerdem brauchst du da gar keine Angst zu haben, Kinder verhalten sich so, wie sie's von ihren Eltern abgucken können, und wenn wir das nicht sagen, warum soll's dann das Kind tun?" Y scheint überzeugt und beruhigt.)

"Ein Junge wär mir lieber, da kann ich Streiche mit machen" ("Denk aber dran, daß du dann 12 Jahre älter bist. Ob das dann noch so gut geht? Außerdem – ein Mädchen könntest du beschützen; das könnte dann zu seinen Spielkameraden sagen, ich hab zuhaus 'nen großen Bruder, der kommt und verhaut euch!" Y legt sich in der Folgezeit mehr auf ein Mädchen fest, obwohl wir immer versuchen, ihn für beide Möglichkeiten offen zu halten.)

" . . .und wenn's mich nich will, weil ich nich euer eigenes bin?" ("Du weißt, daß jedes Kind ein eigenes ist, wenn man es lieb hat und für es sorgt. Außerdem kennst Du selbst genug Familien, wo die Kinder zwar eigene sind, aber trotzdem ganz unglücklich sind.")

Solche Gespräche verteilen sich über den ganzen Urlaub und die Zeit danach, wo Y den konsequent wachsenden Bauch immer wieder fasziniert wahrnimmt, aber auch manchmal Unsicherheit und Abscheu zum Ausdruck bringt; etwa als er, ein wenig neidisch darauf, daß H. seine Frau gerade in den Arm genommen hat, vielleicht aber auch in der üblichen Ignoranz gegenüber der Wirkung seines Verhaltens, ausruft: "Du siehst aus wie ein dickes Schwein." Soll man da wohlwollend vermuten, für ihn sei ein behäbiges Mutterschwein gar nicht mal so etwas Unerfreuliches, oder soll man ihm nicht doch lieber anhand der eigenen "Verletztheit" zeigen, wie jeder andere Mensch aus seinem Kontaktfeld darauf reagieren würde, wenn er ihn unverhofft so charmant betiteln würde? Wir entscheiden uns für das letztere und fügen wie so oft hinzu, daß es nicht darauf ankomme, was man sich "eigentlich" dabei gedacht hat, sondern was man dem andern mit seinen Worten und Gesten zu verstehen gibt.

Natürlich bringt der erste gemeinsame Urlaub noch andere Neuigkeiten für uns und Y. Da wir alle drei in einem Zimmer schlafen, bekommen wir zum erstenmal mit, wie furchtbar unruhig Y schläft. Er wirft sich ständig im Bett herum, als habe er sich mit zehn Schurken zugleich angelegt und müsse sie nun k. o. schlagen; dazu murmelt er unverständliches Zeug. Auch bettnäßt er fast jede zweite Nacht, was wir diesmal aber mehr auf eine Erkältung und seine oft klatschnassen Füße zurückführen; denn es gibt für ihn nichts schöneres als wahre Schnee-Orgien zu feiern, indem er sich verschneite Hänge herunterrollen läßt, bis er eine weiße Kugel ist, oder unter niedrige Tannen kauert und so lange an allen erreichbaren Zweigen zieht und schüttelt, bis ihn die herunterrutschenden Schneemassen ganz zugeschüttet haben. Dann strahlt er und jauchzt und schmeißt sich in den nächsten Graben. Beim Schwimmen ist es nicht anders – er taucht unter, schnappt nach Luft, taucht unter, d. h. er scheint in "Elementen" aufzugehen. Ob er darin auch etwas an Geborgenheit, Nähe, Schutz, Wohligkeit nacherfährt, das er über einen sehr langen und wichtigen Zeitraum hinweg vermißt hat? Wir wissen es nicht, aber wir spornen ihn an, "heizen" ihm ein und lassen ihn sich tüchtig durchnässen und "aus"freuen. Danach geht's unter die heiße Dusche.

Y's Spielkamerad ist acht Jahre alt, auch das zeigt uns, wie retardiert er in bezug auf Spielmöglichkeiten, aber auch, wie aggressiv gehemmt er ist, denn an Ältere wagt er sich nicht heran. Am Beispiel einer anderen Familie und vor allem der Mutter, die er sehr verehrt, lernt er, daß es Erwachsene gibt, die ihn zwar mögen, die ihn aber auch zurückweisen, wenn er in seiner plumpwitzigen Tour "zu weit" gegangen ist. Als sie ihm sagt: "Wir sind nicht alle deinesgleichen – du kannst dich nicht zu jedem so verhalten wie zu deinen Schulkameraden!" ist er sicher mehr betroffen, als wenn wir es ihm gesagt hätten. An uns selbst fällt uns auf, daß wir Y ständig beobachten und kritisieren. Da uns das selber auf den Wecker fällt, fragen wir uns, ob unsere Einstellung anders sein könnte als sonst. Das trifft aber nicht zu. Erst nach langen Gesprächen wird uns klar, daß uns der erholsame und für die eigene Orientierung so notwendige "Leerlauf" fehlt; die Zeiten nämlich, in denen Y im Alltag *weg* ist (Schule, Freizeit, Spiel, Schlaf). Hier fehlt uns der Abstand, die Ablenkung und auch die Erholung von ihm, die in krisenreichen Zeiten sehr zu geduldigem und konsequentem Erziehungsverhalten beitragen konnten. Hier hocken wir uns ganz einfach zuviel auf der Pelle, wirklich 24 Stunden lang! Hier kann man keine seiner Mißfallen erregenden Verhaltensweisen, seiner Bedürfnisse und Stimmungen "übersehen", kann keine "Schwerpunkte" setzen usw.

Ist also ein anderer Urlaub notwendig, einer ohne Pflegekind, einer in getrennten Zimmern, mit getrenntem Programm? Wir meinen: *Nein.* Denn wir können uns erinnern und auch gut vorstellen, daß dieses Problem sich in einer normalen Familie mit eigenen Kindern ganz genau so stellt. Und wer Kinder hat, der *hat* sie, auch im Urlaub. *Gerade* auch im Urlaub. Denn wer weiß denn, ob nicht gerade dieses "Sich-auf der Pelle-Hocken" für das Kind (eigenes oder fremdes), das vielleicht eine Weile auf die intensive Zuwendung der Eltern verzichten mußte (Streß und andere Faktoren) ein besonderes Maß an Sicherheit mit sich bringt? Ob es nicht, besonders wenn es noch fremd ist, die Solidarität der Eltern mehr spürt, als wenn es in einen noch so schönen Ferienspaß mit einer Jugendgruppe "abgeschoben" wird.

Das soll nicht dagegen sprechen, einen – in jeder Familie nötigen – Urlaub der Ehepartner aufrechtzuerhalten. Auch soll nicht die Möglichkeit des Selbständigerwerdens durch einen Urlaub fernab von der Familie und mit Gleichaltrigen diskreditiert werden. Aber alles zu seiner Zeit: Wenn ein Urlaub zu zweit, dann besser von der anstrengenden ersten Zeit mit dem fremden Kind! Und dann erst wieder, wenn es ihn nicht als Sicherheitsverlust zu empfinden braucht. Für gefährlich halten wir Tendenzen wie: Jeder Gastfamilie einen vierwöchigen Urlaub, womöglich mit den eigenen Kindern, aber "mal" ohne das fremde Element, "mal" wieder harmonische Familie sein, "mal" wieder man selber sein.

Wird da nicht das Kind als Bedrohung erlebt, sind das nicht Fluchttendenzen, die auch im Alltag nicht folgenlos sein können? Muß ein Kind nicht gerade

dann, wenn die Eltern *nicht* arbeiten, spüren, daß sie auch dann die Zeit mit ihm teilen wollen? Ist sonst nicht die ernüchternde Erfahrung fällig, daß auch an ihm offensichtlich nur "gearbeitet" wird?
Entlohnte Erziehungsarbeit, Tarifverträge, Arbeitszeitverkürzungen, Personalwechsel – sind das nicht Stichworte für die Kennzeichnung eines Zustandes (gerade auch in Heimen), der sich mit personaler Zuwendung und intensiver Erziehung nicht mehr unter einen Hut bringen läßt. In der *Familie* muß der Konflikt zwischen "einerseits arbeiten" und "andererseits liebhaben" jedenfalls geschickter gelöst werden, wenn sie eine Chance bei der Integration vernachlässigter Kinder haben soll. "Arbeit" auch im "Urlaub"? Wir meinen, es geht nicht ohne, und Y geht nach diesen Ferien seiner stabilsten Phase in diesem ersten Jahr entgegen . . .

6.1 Sexualität

Y kam mit dem "Etikett" *sexuell auffällig* zu uns, was bei uns Vorüberlegungen förderte, ob dieser Bereich wohl besonders schwierig sein würde und wie sein Bewertungsraster auf diesem Gebiet zu normalisieren sei. Hier zeigt sich ja am deutlichsten, daß man mit dem Kind keine gemeinsame Geschichte hat, wodurch der ganze Komplex "Körperkontakt" in vielen Gastfamilien problematisch wird, besonders bei Vermittlungen zu Beginn der Pubertät.
Wir waren dann sehr erstaunt, wie "normal" sich Y's Auffälligkeit darstellte, da sie sich weitgehend aus massiven Mangelerlebnissen im Zuwendungsbereich und aus seinen Erfahrungen über die Koppelung von Sexualität und Aggressivität erklären ließen. Folgendes halten wir nach unseren bisherigen Erfahrungen für wichtig und praktikabel:

– Bestätigen des Kindes über die enge Beziehung des Hautkontaktes.

  Ob über Streicheln, Umarmen, auf den Schoß nehmen, Kuß geben und bekommen, Hand in Hand gehen, "Ringkämpfe", Kissenschlachten, Sonntagmorgens ins Elternbett kriechen, Kuscheln o. ä., hängt natürlich von Alter, Beziehung und Bedürfnissen des Kindes ab – weniger sollte es abhängen von den Voreinstellungen der Gasteltern; denn hier haben die Kinder enorm "aufzutanken" und dazu muß man sich tatsächlich riechen können!

– Offenheit für Anfragen, Phantasien, Ängste, Träumereien des Kindes auf sexuell-erotischem Gebiet;

  Abblocken von Gesprächsbereitschaft bzw. verkrampftes Überspielen "peinlicher" Situationen wird genau registriert und verfestigt mitgebrachte Hemmungen und evtl. sogar neurotische Störungen. Auch hier müssen die Kinder mit ihren Bedürfnissen ernst genommen werden, um "ins Lot" zu kommen; z. B. bei Wichtigtun mit "dreckigen" Witzen, Anschauen von Körperteilen und Aufnehmen von Informationen ohne allzuviel Ängste.

– Abbauen der Koppelung "Sexualität-Besitz-Angeberei-Aggression" zugunsten der Koppelung "Sexualität-Zärtlichkeit-Wertschätzung-Informiertsein"

  Das setzt eine permanente Bereitschaft zur Diskussion voraus, die notwendig, anstrengend und manchmal schwierig ist, wenn sie in einem sozialen Feld stattfindet, das Offenheit in diesem Bereich nicht kennt. Etwa Y's Frage auf einer Geburtstagsgesellschaft: "Ich denke Tampons sind die Dinger für die Tage!", als eine Tante von Tampons beim Zahnarztbesuch erzählt, oder: (so laut, daß die Betroffene es hört) "Guckmal, die hat ja ne gräßlich große Brust"

Das Verdeutlichen des Zusammenhanges von Sexualität und gegenseitiger Wertschätzung ist natürlich nur sinnvoll. "an den Mann zu bringen", wenn man ihn selber *lebt* (und nicht nur darüber redet). Auch hier hilft die Identifikation mit einem Vater, der seine Frau nicht diskriminiert, zärtlich zu ihr ist und echte Partnerschaft praktiziert bzw. das Vorleben nichttraditioneller Frauenrollen viel tiefgreifender dabei, trotz "gebrochener" Sozialisation eine eigene Geschlechtsrolle zu finden, die sich von mitgebrachten Klischees löst ("Mädchen sind dumm", "Jungen besitzen eine Freundin") und sich kritisch von dem abheben kann, was "altersüblich" zu sein scheint ("immer, wenn die *Eier* hören, fangen sie an zu kichern, möcht wissen, was dadran so witzig ist – n' Junge kann gar keine Eier haben, der hat Hoden!") Auch hier sollte die Gastfamilie in der Lage sein, ihre eigenen Wertigkeiten zu reflektieren, um sich auf den "Notstand" des Kindes sinnvoll einlassen zu können.

7. Rosaroter Alltag

Es folgen zwei ruhige Monate. Wie alle konfliktärmeren Phasen ist auch diese dazu angetan, uns in Sicherheit zu wiegen und "blinde Flecken" bei der Wahrnehmung negativer Entwicklungen zu fördern.
In solchen "rosigen Zeiten" sieht der Alltag etwa so aus:

7.00 Uhr: Y (relativ munter) und ein Elternteil (relativ verschlafen) trennen sich vom warmen Bett und starten das Morgenritual; Gute-Morgen-Kuß, Cornflakes hinstellen, Frühstückspaket machen, Zeitungholen, über die Schlagzeilen der Titelseite "diskutieren", fertigmachen, Tschüss-Kuß, nachwinken

12.–14.00 Uhr: Heimkommen, Kuß für I., was gibt's zum Essen (hmm!), abreagieren über irgendwas "Unmögliches", das der oder der in der Schule oder auf dem Heimweg gemacht hat, Pläneschmieden für den Nachmittag; H. kommt, Essen, ihm Feuer für die Zigarette hinreichen dürfen (besonderes Privileg!), ein bißchen zuhören und mitreden, wenn die Großen quatschen, jeden Tag wieder enttäuscht sein, daß H. wieder zur Arbeit muß

15.00 Uhr: Nach den – meist spärlichen – Hausaufgaben setzt die Freizeithektik ein:

"Geh' ich zu dem, zu dem oder zu dem – oder lieber schwimmen oder in die Stadtbücherei oder Bummeln, da guck ich mal bei dem vorbei, oder ich fahr zu X, die wollen an der Fulda spielen" – "Zieh die gelben Stiefel an." – "Telefon! Wer kann das sein?" "Ach ja, der B. wollte ja anrufen und fragen, ob ich mit zum See darf, darf ich? Juchhu . . . Geht doch nich, der darf selber nicht, seine Mutter hat gesagt, er soll sein Zimmer aufräumen – soo'n Quatsch, als ob das 'n Grund ist!!" – "Meinst du denn, alle Kinder dürften so viel rausziehn wie du?" – "Trotzdem, dem seine Alte spinnt doch!" – "Also, was machst du nun?" – "Ich geh erst mal in die Stadtbücherei und dann les ich auf'm Bett."

18.00 Uhr: Nachdem man sich nachmittags gar nicht mehr oder nur ab und zu, wenn er was essen oder trinken will, gesehen hat, trifft man sich zur Hausarbeit wieder. Y macht ab 6 Uhr "seine Pflichten", Mülleimer runter, abtrocknen eventuell, "den Hasen machen" (Käfig säubern, Futter geben) dann schwirrt er ab zur Fernsehzeitung und plant generalstabsmäßig auf die Minute genau und möglichst ohne Überschneidungen seinen "Slalom" zwischen erstem und zweitem Programm. Nach spätestens siebzig Minuten und oft zu seinem Ärger vom Abendessen unterbrochen, ist er dann fertig, geht sich duschen und manchmal noch ein bißchen auf H's Schoß, einiges vom Tag wird noch besprochen, oft auch die Konflikte, dann geht er lesen und schlafen, natürlich mit Gute-Nacht-Kuß.

Die Schulnoten sind relativ erfreulich – außerdem macht ihm fast alles nach seinen eigenen Worten "Spaß". Er hat nun auch einen "festen" Freund, dessen Verhalten sich recht gut auf ihn auswirkt. Außerdem geht A nicht auf Y's Schule, so daß er ihn auch als Kontrast zu seinen dortigen Kameraden auffassen kann. Deren Launen machen ihm nämlich doch schwer zu schaffen – einmal reagieren sie beleidigt, einmal petzen sie oder wiegeln größere Kinder auf, ihn und andere zu verhauen. Trotzdem fühlt Y sich zu ihnen hingezogen, da sie in ihrer Unangepaßtheit und Frechheit vor ihm als "mächtig" erscheinen, und mit den Mächtigen, das hat er lange Zeit gelernt, sollte man sich gut stehen. Seine Angebetete ist ähnlich raffiniert und launisch ihm gegenüber, was ihn oft zu Tode betrübt. Alles zulächeln, gefallenwollen, "jötäm" und "I love you" auf die Hand schreiben usw. hilft nicht: Jeden Tag kürt die Dame einen anderen ihrer Verehrer zu dem, mit dem sie gerade "geht", und Y ist so gut wie nie in dieser Runde zu finden. Auch tanzen (anfassen und eins rechts eins links treten) tut er absolut nicht, auf keiner der vielen Klassenfeten überwindet er seine Komplexe; schließlich hat *Sie* ihn einmal abblitzen lassen, und das verwindet er nicht so leicht. Einmal – nach vielen Gesprächen über diese Dame und ihre Art, mit Klassenkameraden umzuspringen, schafft er es, zu unserem großen Erstaunen und ohne unser Zutun, ihr einen Brief zu schreiben, indem es etwa heißt:

"Liebe E, jetzt habe ich die Nase voll. Du bist ja ganz nett, aber auch ganz schön angeberisch. Du willst nur, daß alle hinter dir herrennen. Und bilde dir bloß nicht ein, daß du viele Stimmen zur Klassensprecherin bekommen hast. Der V hat viel mehr gekriegt, und du warst nur die zweite. Ich habe dich auch nicht gewählt, weil ich dich durchschaut habe.
Trotzdem finde ich dich wirklich ganz nett. Jötäm dein Y"

Die Nachtigall, die wir da trapsen hören, ist aber nur ein kleiner Spatz; Y hat keineswegs das Selbstbewußtsein und Rückgrat, das man aus diesen Zeilen herauslesen könnte. Schon auf einer dreitägigen Klassenfahrt einige Wochen später schenkt er ihr einen Strauß Feldblumen, macht sich zum Gespött der anderen und muß sich bei der Klassenlehrerin, zu der er viel Vertrauen hat, über "die Mädchen" ausweinen. Hätte er seinem Schwarm auch noch Rosen gekauft (wovon wir ihm dringend abgeraten hatten), hätte er noch mehr an der Reaktion der anderen zu leiden gehabt. Die Lehrerin vermutet, daß er auch deswegen betrübt war, weil wir nicht wie versprochen in der Jugendherberge angerufen hatten. Der Hausmeister hatte aber vergessen, ihm auszurichten, daß wir angerufen hatten, als sie gerade beim Spielen waren. Y braucht also auch "draußen" und besonders dort die Rückversicherung, daß wir zu ihm stehen.
Auch Eintragungen ins Poesie-Album sind so eine Sache: ständig verkauft er sich unter Preis und macht sich, wenn man ihm nicht unter die Arme greift, zum Spotthansl der anderen. So schreibt er einmal ohne die leisesten Zweifel an der positiven Wirkung seiner "Ergüsse":

Mein Herz gehört nur Dir
Da soll Dein Platz
jetzt künftig sein
Ich liebe Dich wie
kein anderer.
Drum nenne ich
Dich auch
mein Schatz
Dies schreibt Dir Dein Freund Y.

Soll man ihn mit diesem Konglomerat aus unverarbeiteten Schnulzentexten, Liebesfilmgeschmachte und Oberflächlichkeiten "auflaufen" lassen, ihn eigene Erfahrungen damit machen lassen? Oder sind wir nicht auch dazu da, ihm eine bestimmte Sorte Lernerfahrungen vorzuenthalten? Diejenigen, die demütigend sind, die nicht exemplarisch sind und mehr kaputtmachen als aufbauen? – Um zu verhindern, daß er angesichts der wenig flexiblen und toleranten Rollenerwartungen und -zuweisungen eines fünften Schuljahrs endgültig zum "Gefühlstrottel", bzw. zum *Trottel* abgestempelt wird, hinter dem die Mädchen herkichern und den die Jungen ausbeuten, geben wir ihm einen anderen lustigen Text und begeistern ihn dafür.

Kurz darauf hat er Geburtstag. Es ist das vorherrschende Thema des Monats gewesen. Erst ging es noch: "Weißt du, was in 24 Tagen ist?!" – Dann wird daraus: "In genau 10 Tagen, 6 Stunden und 20 Minuten habe ich ..." – "Na, was wohl?" – "Geburtstag!!" daß er damit sagen will: den ersten Geburtstag bei euch, als normales Kind einer normalen Familie, weiß er selber nicht, aber er meint genau das mit seiner systematischen Stimmungsmache:

Vergeßt ja nicht diese Wichtigkeit, enttäuscht mich ja nicht (so wie letztes Jahr und die Jahre zuvor meine Schwester und all die anderen ...), laßt mich ja nicht leerer ausgehn, als ich mir das so ausdenke ...

Das müßten seine eigentlichen Gedanken sein.

Er macht einen sehr konzentrierten Eindruck, fragt Löcher in den Bauch, ob Fahrrad oder nicht – oder doch – oder nicht ... Wir lassen ihm das Vergnügen, gespannt zu sein wie ein Flitzebogen, die Nacht zuvor kaum schlafen zu können und schließlich den "schönsten Geburtstag, den ich je gehabt habe" zu verbuchen. Einige der tausend eingeladenen "Freunde" kommen auch, verschmausen Kuchen, Negerküsse, Limo und Brezeln und sausen dann in Mannschaften ab zum superspannenden "Stadtgeländespiel", für das wir Eltern die halbe Nacht zuvor gearbeitet haben. Eine Überraschung für jedes Kind, eingepackt in eine Riesenpappkiste, angemalt als "Schatzkiste" – geheim mit Totenköpfen und so –, dann ab in die Innenstadt, an der Hauptstraße entlang sage und schreibe 2 Stunden lang und regennaß nach allen möglichen "Fragestellungen" gesucht, zu Hause dann 20 Fragen auf Maschine getippt, deren richtige Antworten am Schluß eine Telefonnummer ergeben, die die "Suchtrupps" – mit 20 Dpf. versehen – dann anrufen müssen und von dort erfahren, wie sie an die in einem Schließfach des Hauptbahnhofs stehende "Schatzkiste" herankommen können. Eine rundherum aufregende Sache für Abenteuer-entwöhnte Stadtkinder. Sie lösen die Aufgaben (etwa: "wieviel kostet eine Reise des Kaufhofs nach Ibiza – siehe Plakat am 6. Schaufenster!" – oder: "Wieviel Buchstaben haben Vor- und Zuname des Mannes, der vor "C & A" mit einer Geige steht – es ist ein Denkmal!") mit viel Hingabe und finden schließlich auch fast gleichzeitig die Schlüssel zum Schließfach. Abends gibt's für die Erschöpften ein Kinderfondue mit Fritten, Wurst, Fleisch und ohne Erwachsene. Ein Riesenspaß, der Y dann todmüde ins Bett sinken läßt. Das heiß ersehnte Fahrrad hat er daneben aufgebaut. An diesem Abend endet aber auch schon die von allen als so angenehm erlebte stabile Phase und das nächste Tief in der Berg- und Talfahrt sagt sich an.

7.1. Erfolg = Weitermachenkönnen

Jede Gastfamilie steht unter einem mehr oder minder starken Erfolgszwang. Wesentlich für den Umgang damit ist die Frage, ob sie ihn sich selber setzt oder ob er von außen an sie herangetragen wird.

Sich selber unter Leistungs- und Erfolgszwang zu setzen, wäre zwar menschlich und u. U. sympathisch, aber sicherlich der Anfang vom Ende jedes wirklich "erfolgreichen" Erziehungsverhältnisses. Wer sich nach einem Jahr Zusammenleben mit dem Kind schon um dessen Berufsziel härmt, wer den Erfolg seiner Bemühungen an den Zeugnissen des Kindes messen will u. ä., ist wohl doch auf die – bei eigenen Kindern schon unangebrachte – Verführung hereingefallen, in dem Werdegang des "Zöglings" ein Stück seines eigenen "Selbstwertes" zu installieren. Er hat nicht verstanden, worum es hier geht:

- Erst ruhig und aufmerksam die Persönlichkeit des fremden Kindes erfahren und zu "erfassen" versuchen.
- Seine Stärken nutzen, seine Belastbarkeit abtasten, seinen Mangel auffüllen, seinen Selbstwert bejahen, seinen Zugang zur Umwelt steuern, neues, nie gelerntes Verhalten vorführen und trainieren.
- Dies alles sehr behutsam tun, ohne Hektik, Druck und unangebrachten missionarischen Eifer; immer wieder die eigenen Standpunkte überdenken, durch neue Informationen und Erfahrungen Korrekturen anbringen, sicherer werden, vorläufige Sicherheit gewinnen in der Definition von zumutbaren Lernschritten.
- Alle Prozesse sind langfristig angelegt, unterliegen leicht Schwankungen und Störvariablen, gewinnen langsam Konturen und können allmählich in erreichte und in absehbarer Zeit erreichbare Teilschritte gefaßt werden; der Hauptstörfaktor dabei ist sicherlich ein von vorneherein wirkender Erfolgszwang.

Gegen ausgesprochenen und unausgesprochenen Erfolgszwang von *außen* (Verwandte, Bekannte, Freunde, Behörde, Kollegen, Medien), wie er immer auftritt, wenn Verhalten bewußt von der Norm abweicht, sollte man sich konsequent zur Wehr setzen:

- Ständiges Bewußtmachen latenter Erwartungshaltungen anderer, um sie nicht in die eigenen mit einfließen zu lassen.
- Aufklären, wo immer es geht und Werben um Verständnis und Geduld durch Aufzeigen von Zusammenhängen.
- Konsequentes "Durchziehen" eines für richtig befundenen *lang*fristigen Konzeptes (wenn man will, daß das Kind sich erst einmal traut, seine Ängste zu äußern und etwa anrüchige Witze, die es früher nicht verstan-

den hat, erzählt, sollte man ihm dies *auch* gestatten, wenn andere die Erwartung hegen, daß so was eigentlich nicht mehr passieren dürfte).

- Sich nicht aus Kontaktfeldern zurückziehen, auch wenn man sich dort durch Erfolgserwartungen behindert fühlt.
- *Erfolg melden*, wo immer er wirklich da ist. Das hilft indirekt dem Kind, stärkt einen selber und unterstützt alle diejenigen, die sich mit Umdenken schwertun und sich erst langsam daran gewöhnen können, daß Erfolg nichts mit einem fertigen Erziehungs*produkt*, sondern mit der Befindlichkeit der an einem Erziehungs*prozeß* Beteiligten zu tun hat. Und das Gefühl, weiter machen zu können, *ist* ein Erfolgserlebnis!

8. Wieder ein Tiefschlag

Schon am nächsten Tag ist Y wie ausgewechselt. Fahrig in seiner Motorik, voller Konzentrationsstörungen, ständig alles vergessend, falsch machend usw. Wir denken, wir sehen und hören nicht recht: ein Abfall auf der ganzen Linie! Kaum ein Defizit von "früher", das man schon behoben glaubte und das nicht jetzt wieder in voller Pracht vor uns erscheint: Er quasselt unüberlegtes Zeug, hält sich an keine Absprachen und Einsichten, hört nie richtig zu, ist ständig irgendwie "abwesend" und, was uns zunächst am meisten nervt: er redet Sätze, die nur so wimmeln von Fehlern, falschen Wörtern und Endungen. "Ich finde unsrer Auto ganz toll" oder "Schomma bin ich immer manchma zu den gegangen". Wir fragen nach, selbst dann findet er nicht heraus, was falsch ist. Wohl wissend, wie ungeheuer schnell sich bei Y die kleinsten Unregelmäßigkeiten und Fehler konditionieren (nach dem Motto: "nicht-eingehakt" = verstärkt), versuchen wir, zwischen Ärger und Geduld schwankend wochenlang Korrekturen zu betreiben. Es ist so gut wie sinnlos. Bei den anderen "Rückfällen" ist die Gegensteuerung schon schwerer. Auch die Ursachen für sein Rumhängen, seine Konzentrationsschwächen und seine Unzuverlässigkeit sind uns nicht richtig klar und wir sind zunächst ratlos.

Dann aber fallen uns zwei Dinge auf: Erstens hat Y, wie schon oft festgestellt, immer einen Spannungsbogen nötig, um zu lernen, zu leisten, "normal" zu sein. Daß dieser Spannungsbogen meistens ein künstlich von uns genährter sein muß, hatten wir ja bei unserer Kurskorrektur eingesehen. Dieser Spannungsbogen fiel nach dem Geburtstag, nach der Erfüllung seiner Wunschvorstellungen total in sich zusammen. Vorerst gibt es nichts Neues, "für das sich der Einsatz lohnt". Zweitens häufen sich unangenehme Informationen aus der Schule. Bisher hatten wir ja angenommen, dort liefe es ganz gut. Eines Tages kommen wir Y dann auf die Spur, daß er uns lange Zeit *angelogen* hat.

Mehr als zehnmal hat er laut Benachrichtigung der Lehrer in Englisch und Mathematik keine Hausaufgaben gemacht; die Klassenlehrerin berichtet, sie könne schon eine Weile nicht mehr so gut mit ihm. Er sei ständig abwesend, falle aus allen Wolken, wenn man ihn anspreche, labere sich dann oberflächlich raus u. ä. Sie vermutet Zusammenhänge mit einem neuen Mitschüler, der sehr gut sei und noch dazu Chancen bei der bewußten Klassenschönsten habe, was Y sehr verunsichere und in die alte Clown-Rolle zurückdränge, um einigermaßen mithalten zu können. Andere Lehrer berichten ebenfalls von fehlender Mitarbeit und Konflikten bei Arbeitsanweisungen, die ihm nicht passen. Nun sind wir an der Reihe, aus allen Wolken zu fallen. So also hat Y die – pädagogisch nicht ganz glückliche Form der Hausaufgaben an dieser Schule ("probiert zu Hause, ob ihr es schafft, wenn nicht, dann laßt es!") ausgelegt – so also "verarbeitet" er I's Üben mit ihm – als lustvollen Ersatzunterricht, der es ihm ermöglicht, doch noch trotz fehlender Mitarbeit einigermaßen gute Noten zu schreiben. Ein großartiges, lustbetontes "Leistungskonzept", das natürlich Spaß macht: in der Schule stören (macht Spaß), zu Hause ein bißchen üben (macht Spaß) und gute Zensuren nach Hause bringen (macht auch Spaß); nur das Auffliegen macht keinen Spaß.

Wir "isolieren" Y für ein Wochenende auf seinem Zimmer, wir reden nicht mit ihm, sein Essen nimmt er alleine zu sich. Am Sonntagabend sprechen wir dann ausführlich über das, was vorgefallen ist. Er findet das Isolieren "teils ganz gut" (weil er sich in seinem Zimmer "gut beschäftigt", sprich, alte Spielmöglichkeiten neu entdeckt hat), "teils schlecht", denn der Ton, der herrschte, war "so komisch, wie im Heim". Wir machen ihm klar, daß er selbst der Auslöser für dies Verhalten ist und daß eine Gemeinschaft wie eine Familie nicht mehr funktionieren kann, wenn einer den anderen anlügt. Wer das Vertrauen in einem fort mißbraucht, der setzt die Zuneigung der anderen aufs Spiel, das sollte dies Wochenende zeigen. Wir spielen seinen Schulbesuch in dieser Gesamtschule als eine Art "Privileg" hoch und sagen ihm, daß er ohne radikale Veränderung seiner Einstellung nicht auf dieser Schule bleiben kann und auch eine geplante Fahrt mit Freund und Jugendgruppe in den Sommerferien auf dem Spiel steht ("*wovon* mußt du dich dann eigentlich erholen?!"). Er ist sehr bedrückt und bald auch stark motiviert, seine bequeme Arbeitshaltung zu zu ändern. Der Spannungsbogen baut sich wieder auf.

Nun sind wir an der Reihe, praktikable Handlungsvorschläge zu machen und auch unser eigenes Verhalten zu korrigieren. Denn eigentlich hätten wir schon eher sein Nachlassen in der Schule und auch ein verstärktes Sicherheit-Suchen zu Hause bemerken können – aber wie immer brauchen wir erst ein Signal dazu. Y war durch seine Freizeithektik von uns ein wenig vernachlässigt worden; er machte einen so "ausgefüllten" Eindruck, daß uns die ohne-

hin spärliche Zeit für Spaziergänge u. ä. bequemer und erquicklicher ohne ihn vorkam. Beim Abends-Weggehen baut er viel häufiger vor und sichert sich ab mit Fragen wie: "Habt ihr heute wieder was vor? – Wann seid ihr denn zurück?" Irgendwie ist ihm auch die fortschreitende Schwangerschaft nicht so ganz geheuer. Zu Hause spüren wir zwar mehr Sympathie oder auch Gleichgültigkeit (gemischt mit humorigen Verarbeitungen, die wir fördern), was aber nicht heißt, daß er nicht doch starke Verlustängste (zwei Eltern sind ihm schon weggestorben) mobilisiert, wenn er an Geburt usw. denkt. Konkurrenzängste gegenüber dem Kind scheinen jedoch durch nichts nachweisbar. Einmal kommt er nur – wenige Tage zuvor an und sagt: "Ich möchte jetzt auch ganz gerne "Vati" und "Mutti" zu euch sagen – wie die andern!" – "Wieso denn auf einmal?" – "Na, weil doch jetzt klar ist, daß ich immer bei euch bleibe." Aber trotz vielen scherzhaft "geübten" "na-Vati-na-Söhnchen?"-Anreden kann er sich nicht mehr so recht darauf umstellen. Da uns die Motive überzeugen, bremsen wir aber seine Versuche in keiner Weise.
Nach allen "Einblicken", die wir nun haben, reagieren wir so: Mehr und bewußtere Zuwendung zu Hause (Sonntagsmorgen regelmäßig ins Bett kriechen, mehr "Malefiz"-Spielen, mehr Gespräche und Freizeit zusammen, gegen Ende der Schwangerschaft eher zuviel als zuwenig Zuwendung zu den Dingen, die ihn bewegen) Einführung eines neuen Schul-Konzeptes: Jeden Tag wird eine Stunde – egal ob Hausaufgabe oder Üben – allein und konzentriert gearbeitet. Ein Hausaufgabenheft wird geführt und von Y mit den Eintragungen versehen, von den Lehrern abgezeichnet. Ganz großen Wert legen wir auf die Einführung eines Arbeitsstils, mit dem er ganz selbständig die Aufgaben löst. Anfangs fällt es ihm sehr schwer, im Wörterbuch oder Lexikon nachzuschlagen oder seine Blätter aus der Schule genau zu studieren. Auch I war den bequemeren Weg gewohnt, ihm Sachen zu übersetzen oder Aufgaben vorzurechnen, bis er sie kapierte. Nun muß sie sich sehr stark kontrollieren, um immer nur *Fragen* zu stellen, nicht aber schon Antworten zu liefern, wenn Y an einer Stelle nicht weiter kommt.
Die Mühe lohnt sich so schnell, daß wir selber ganz erstaunt sind. Y empfindet die Unausweichlichkeit selbständiger und damit anstrengenderer Arbeit ("Dein Beruf ist 'Schüler-sein', da kannst du genauso wenig schlampen wie wir bei unseren Berufen oder sollen wir mal aufhören, Geld zu verdienen, zu kochen usw.?"). Aus dieser Unausweichlichkeit zieht er bald eine Motivation, die durch das prompt einsetzende Lob der Lehrer noch verstärkt wird, wirklich möglichst viel aufzuholen und im aktuellen Unterricht mitzukommen. Freiwillig setzt er sich aus der Gruppe der Störer nach vorn in die erste Bank – wir sind zwar skeptisch, aber er macht tatsächlich im Unterricht aktiv mit.
Obwohl er sich anfangs über soviel Beschneidung seiner Freizeit ärgerte,

registriert er doch nach einer Weile die Polarisierung in "notwendige Arbeitszeit" und "wohlverdiente Freizeit" als sehr befriedigend und geht mit mehr Intensität als sonst an's Spielen.
Der Höhepunkt seiner totalen Wende ist die erste ganz eigenständig erarbeitete Eins – noch dazu in Mathematik. Auch emotional lohnt sich der harte Schulkurs. Das Vertrauen in das Einschätzungsvermögen seiner neuen Eltern und in die Konsequenz und Richtigkeit ihrer Normen ist beträchtlich gewachsen; die unmittelbar bevorstehende Geburt eines Geschwisters ist nicht mehr Anlaß zu verborgener Unruhe, sondern wird von ihm – wie von uns – in gelassener Freude und im Bewußtsein seiner gesicherten Rangstellung in der Familie erwartet.

8.1 Konflikte der Gasteltern

Die Tatsache, daß ein Kind einen abrupten Bruch in seiner Sozialisation erlebt und daß ein Paar bzw. eine Familie plötzlich einem in vieler Beziehung sehr fremden Menschen gegenüberstehen, hat eine Kette von Widersprüchlichkeiten zur Folge, die sich immer wieder als aktuelle Konflikte äußern können.
Als einzige Möglichkeit, sich bei solchen – inneren – Konflikten einigermaßen realitätsangepaßt und effektiv zu entscheiden, haben wir bisher die Installierung einer ständigen Reflexion mit dem Ehepartner "gefunden". Sich *selbst* auf Dauer die Lösung solcher immer wiederkehrender Konflikte zuzumuten, halten wir für zu schwierig, und die *Supervision* ist in der aktuellen Situation als Hilfsorgan nicht zur Stelle. Eher schon könnte eine sehr intensive und offene Diskussion solcher Konflikte mit *anderen Gasteltern* Einsichten eröffnen, die die aktuellen Entscheidungen zu Hause dann erleichtern würden (vgl. S. 119).
Für viele solcher im Folgenden gesammelten Konflikte gibt es sicher auch keine wirklichen Lösungen, von deren Kenntnis man profitieren könnte. Trotzdem ist es – wie immer – auch hier sehr notwendig, sich die beiden in Konflikt kommenden Ansprüche ständig *bewußtzumachen:*

– Ständiges Reflektierenmüssen ↔ spontane Emotionen zeigen wollen

  Natürlich muß auch der Umgang mit eigenen Kindern reflektiert werden und auch das Gastkind muß enorm viel Emotionen erfahren, dennoch scheint hier ein ständiges Konfliktpotential für Familien mit eigenen und angenommenen Kindern zu liegen, das man sich zugestehen können muß, um damit umgehen zu können.

– Eigene Erziehungsvorstellungen ↔ Handlungszwänge durch Vorerfahrungen des Kindes

Bis man – wenn überhaupt – soweit ist, daß ein Kind mit der Vorerfahrung brutaler körperlicher Strafen so etwas wie Fingerzeige, Andeutungen und differenzierte Befindlichkeiten und Einstellungen überhaupt wahrnimmt, wird man sich sehr häufig in Widerspruch zu eigenen Vorstellungen begeben müssen, die ja allesamt vom Umgang mit Kindern herrühren, die unter günstigeren Bedingungen oder eben "im eigenen Stall" all diese Dinge lernen konnten.

– Bedürfnis nach Harmonie ↔ Einbruch von Erziehungskonflikten

Auch das gibt es in "normalen" Familien. Aber die Häufigkeit und Dauer, mit der es hier auftritt, kann sehr leicht einen "qualitativen Sprung" ausmachen. U. U. ist es dann oft besser, sich pädagogisch falsch, für die eigene Psychohygiene aber richtig zu verhalten (losbrüllen), als sich permanent mit Geduld zu wappnen, zu der man eigentlich schon gar nicht mehr in der Lage ist, und dann plötzlich das ewig nervende Kind als existentiell bedrohend zu erleben. Auch dieser Konflikt muß ständig neu in einer Entscheidung enden.

– Umwelt wirkt integrativ fördernd ↔ Umwelt belastet Integration

Das Kind braucht aufgrund seines Nachholbedarfes unbedingt einen Verwandtenkreis, eine Gruppe von Freunden, Nachbarn, Lehrern usw., die es verstehen und mögen. Aber sehr oft stehen den Gasteltern solche Beziehungsstrukturen massiv im Wege, wenn sie neue Lernschritte initiieren wollen. Da ist der Lehrer, der trotz aller Informationen und Handlungsvorschläge immer wieder das Kind diskriminiert. Da ist die Klasse, die es nur in seiner Clownrolle fordert und bestätigt. Da sind mißtrauische Nachbarn und auch eine Öffentlichkeit, die mehr an sentimentalen Stories als an echter Information interessiert ist, wenn es um Heimkinder geht. Auch hier kann es den Gasteltern sehr schwer fallen, die Auseinandersetzung mit der Umwelt des Kindes immer wieder optimistisch in Angriff zu nehmen.

9. Der letzte Stand

Inzwischen ist ein Jahr vergangen. Zwölf Monate – jeder davon gekennzeichnet durch eine andere Art von Streß, eine andere Art von Gefühlen und ein anderes Lerntempo, liegen hinter uns.
Da wir uns den Blick in die fernere Zukunft ja selber verwehrt haben, sind wir mit dem Blick zurück einigermaßen zufrieden. Y sagt beim Betrachten von Dias einer Grillfête im letzten Sommer mit einer Mischung aus Ungläubigkeit und Entsetzen: "Das bin ich doch gar nicht, tu das Bild weg!" Natürlich ist er es, der mit verkrampft-verkniffenem Gesicht, mit für Y's jetzigen Geschmack viel zu kurzen Haaren und mit einer großspurig-aufgesetzten Geste die anderen Kinder herumkommandiert. Er kann es selbst nicht glauben, wie unnatürlich er sich da gegeben hat.
Nun sind aber erfahrungsgemäß solche "Erfolgsmeldungen" aus Verwandtschaft und Bekanntschaft wie "ist ja toll, wie der Junge sich gemacht hat" oder "benimmt sich ja jetzt ganz normal, wo habt ihr denn da noch Pro-

bleme . . ." recht trügerisch und auch insofern gefährlich, als sie uns einladen, uns auf unseren Lorbeeren auszuruhen. Nicht mehr wachsam, aktiv und konsequent, was Gefühle und Normen angeht, zu sein. Die Quittung für solche "Laschheit" wird uns prompt geliefert: Y ist dann stets wieder unausgeglichen, weiß nicht, was er will und läßt in allem nach, was für ihn wichtig ist. Trotz solcher "Rückfälle" auf beiden Seiten verläuft das Leben mit Y und auch das Erziehungsgeschehen inzwischen weniger stürmisch. Die letzte von den vier Ohrfeigen, die er auch bei uns kassiert hat, liegt immerhin schon 2 Monate zurück. Zu körperlichen Strafen kam es immer dann, wenn alles regeln, besprechen, erklären, verbieten absolut nicht verhindern konnte, daß er sich doch immer wieder falsch verhielt; etwa, als er trotz wochenlanger Gespräche erneut Kippen von Zigaretten, die andere Leute weggeworfen hatte, zu Ende raucht oder als er trotz eindeutiger Verbote ein Radioteil an die falsche Stromleitung anschließt, worauf es zerstört ist und er nur durch einen glücklichen Umstand keine "gewedelt" bekommt. Ein andermal denkt er sich nichts dabei, wieder einmal die Schnur einer Zimmer-Seilbahn an seiner Lampen-Leitung anzuhängen, woraufhin die vierte Lampe in einem Jahr in die Brüche geht.

Auch das ist so ein Punkt, wo wir umlernen mußten. Wieder müssen wir erkennen, daß dieses Kind nicht in unserem Stall großgeworden ist, daß es nach Maßstäben "erzogen" wurde, die nicht die unseren sind, die sich aber ganz massiv in solchen Situationen zeigen und wirksam werden; manchmal haben wir sogar den Eindruck, daß da erst etwas körperlich-sinnlich wahrgenommen werden muß, etwa durch den plötzlichen Schmerz einer Ohrfeige, ehe das alles "einrastet", was wir durch endloses rationales Reden und vielleicht manchmal auch Zerreden zum Einrasten bringen wollten. Aber wir bestimmen nicht den Stil, in dem Y lernt. Dennoch passen uns diese Handlungszwänge überhaupt nicht und oft schwingt auch ein Stück Hilflosigkeit mit; Ohnmacht gegenüber der Tatsache, daß Y uns so lange provozieren *muß*, bis wir so reagieren, wie er das "Grenzensetzen" gewohnt ist. Aber solche Situationen sind doch zu selten, um tiefergehende Schäden bei Y oder über die aktuelle Lage hinausgehende Skrupel bei uns entstehen zu lassen. Im übrigen wollen und können wir nicht so tun, als seien wir Übermenschen mit nie erschöpfter "Geduld und Spucke".

Y hat in diesem Jahr auf jeden Fall Fuß gefaßt in seiner neuen Identität. Emotional und rational hat er verstanden: Er ist jetzt unser Kind — nichts kann ihn ins Heim zurückbringen; nicht wir, nicht sein "Böse-sein", auch nicht irgendeine andere Person oder Tatsache. Worauf es einzig und allein ankommt, ist, daß wir gut miteinander auskommen — dem stehen aber einige Dinge im Wege, die zu Konflikten führen, die aber durchaus (das hat er oft genug gesehen) durch Umlernen und Sich-anders-Verhalten auf die Dauer zu vermeiden sind. Y wird auch von seiner Umwelt mit der sozialen Anerkennung versehen, die mehr oder weniger jedes eigene Kind auch hätte. Er selber steht jetzt auch frei – sogar in brenzligen Situationen bei Mädchen, für die er schwärmt – zu seiner Herkunft und schwindelt nicht mehr wie anfangs etwas vom "Pastor, der bei der Taufe den Namen verwechselt hat, deshalb heiß'ich anders als meine Eltern". Er findet nichts "Erhöhendes" und nichts Erniedrigendes mehr dabei, nicht bei seinen leiblichen Eltern zu sein. Viele andere Ursachen für Ängste und Zwänge sind weggefallen und durch sinnvolleres Verhalten ersetzt.

Diese positive Loslösung von seiner Vergangenheit haben wir durch Enttabuisierung, normales Sprechen darüber und durch kleine Rollenspiele gefördert; wenn H zum Beispiel die dicke immer auf Süßigkeiten versessene Schwester Oberin spielt, die sich mit einem "Na, Junge, hast du nicht morgen Geburtstag?" anbiedert und einlädt, lacht Y Tränen und kann gar nicht genug davon kriegen. Auch seine verstorbenen Eltern scheint er in Frieden irgendwo zu ahnen, wenn er etwa sagt: "Nun hab ich sechs Jahre jeden Abend für sie gebetet – jetzt sind se bestimmt langsam im Himmel!"

Eigentlich ist uns diese Loslösung zu glatt gegangen und wir könnten uns vorstellen, daß es in der Pubertät noch einmal zu ernsthafteren Identitätskrisen kommen *könnte*. Vorerst aber weiß Y durchaus, was er ist und daß es sich lohnt, dieses Sicherheitsgefühl durch entsprechendes Verhalten zu festigen; gegen Ende dieses ersten Jahres beginnt eine Art Leidensdruck zu wachsen, der sich darauf bezieht, die "immer wieder" vorkommenden Auseinandersetzungen zu verhindern, eine Art Harmonie-Streben also.

Als seine Schwester geboren wird, radelt Y ziellos durch die Stadt, bis er endlich den Vater von der Klinik abholen kann, noch dazu mit der Nachricht, daß er seine Wette, es sei ein Mädchen, gewonnen hat. Mit fortschreitender Entwicklung des Kindes zu Hause entwickelt sich auch seine Liebe zu ihm; er legt Sensibilität und Zärtlichkeit, aber auch Einsicht und Verantwortung in einem Maße an den Tag, wie wir es nie zu hoffen gewagt hätten. Nicht genug, daß er immer bemüht ist, als erster am Bett zu erscheinen, wenn S. wach wird, er opfert auch kostbare Fernsehminuten, um ihr beim Baden zuschauen zu können und strahlt, wenn sie ihn mit einem Lächeln oder einem ihrer rööö-Laute bedacht hat. Wir glauben, daß dieses positive Verhalten u. a. damit zusammenhängt, daß wir Y vom ersten Tag an – allen hygienischen Regeln zum Trotz und im Vertrauen auf die stabile Gesundheit von S. – an allem teilhaben ließen, was sie betraf. Ob beim Stillen, Pflegen, bei ärztlichen Untersuchungen oder beim Spielen – nie brauchte er Angst zu haben, daß da hinter verschlossener Tür irgendeine Beziehung aufgebaut wird, die für ihn undurchschaubar und damit bedrohlich sein könnte. Diese Konsequenz ist uns nicht immer ganz leicht gefallen, aber sie hat sich sehr gelohnt. Denn auf

diese Weise wurde Y ein Erfahrungsfeld zuteil, in dem er Grundeinstellungen wahrnehmen und erlernen kann, die wir ihm durch keine andere "Methode" so unproblematisch und lustvoll hätten nahebringen können. Schließlich sind Toleranz, Einfühlen, Freude, Geduld beim Pflegen, Füttern, Spielen usw. allesamt "Einstellungen gegenüber Schwächeren" (abhängiges Baby), die Y bis dahin vollkommen fremd, weil un-erfahren waren. Hinzu kommt, daß S für ihn die einzige "Bezugsperson" ist, die "in konsequenter Weise inkonsequent" ist; deren Billigung (Lächeln, Interesse, Zuwendung) er durch kein wie auch immer geartetes Verhalten "erkaufen" oder "verlieren" kann. Hier lernt er nur zusehen, zuhören und einfühlen ohne unmittelbare und gesicherte Beeinflussungsmöglichkeiten.
Die Familie ist – nicht nur für ihn – runder geworden. Er ist nicht mehr das Kind "in Anführungsstrichen", sondern eines unserer beiden Kinder – normal und selbstverständlich. Wenn wir solche Harmonisierungen aber zu weit treiben – etwa nach dem Motto: Sich zu beiden Kindern gleich verhalten heißt beide gleich lieb haben – bekommen wir immer durch die Realität sehr schnell "eins auf den Deckel". Denn nach wie vor verlangt sein problematisches Verhalten in anderen Bereichen von uns die intensive Wahrnehmung pädagogischer Rollen. Dennoch bleibt nach diesem ersten Jahr die Überzeugung, daß ein wichtiges Stück unserer Chance, dieses Kind trotz seiner Vorgeschichte zu einem liebes- und leistungsfähigen Erwachsenenleben hinzuführen, schon realisiert ist.
Auch wenn man davon im Alltagstrott nicht mehr (und nicht weniger!) zu sehen vermag, als daß es zufrieden aufwacht und nach einem in jeder Beziehung anstrengenden Tag zufrieden wieder einschläft . . .

9.1 Gedanken über "Glück"

In einem Telefongespräch, in dem uns über die schulischen Defizite eines Pflegekindes berichtet wurde und wir auf die Frage, was Y denn so mache, sagten "och – der läuft ganz happy und ausgeglichen rum", hörten wir die ungläubig-eindringliche Frage "Ja, *reicht* Ihnen das denn?!" Wir sagten, "Ja".
Jetzt, nachdem uns diese Frage noch einige Male beschäftigt hat, kommen wir eigentlich zu keinem anderen Ergebnis. Wir halten es für legitim und unverzichtbar, daß ein Kind nach jahrelanger Vernachlässigung für eine ausreichend lange Zeit sozusagen als "oberstes Lernziel" das Glücklich-sein vorgesetzt bekommt. Nicht der IQ ist das A und O gastelterlicher Förderungsbemühungen, sondern das – ganz und gar subjektive – Zufriedensein, das "Mit-sich-selber-besser-umgehen-Können", das "Immer-weniger-Angst-vor-morgen, vor-den-anderen, vor-mir-selber-haben".
Es ist unsere feste Überzeugung, daß einzig und allein auf dieser *Basis* sich all

das entwickeln kann, was vielen Eltern so vorrangig am Herzen liegt: Leistungsmotivation, Ausdauer, Konzentration, Eigensteuerung. Hier gelten für das fremde Kind in verschärfter Form die Einsichten, die auch normale Familienkinder betreffen: Wer erst und nur dann akzeptiert wird, wenn er etwas leistet, wer ständig hinter dem Zuckerbrot "herjapst", das ihm doch eigentlich als "unbedingter Vorschuß" zustehen sollte, der wird sich einreihen in das Heer der chronisch überforderten Kinder voller Aggressionen und Schulschwierigkeiten, der Jugendlichen, die an ihrer Orientierungslosigkeit kaputtgehen (weil ihnen keiner etwas erstrebenswertes *außerhalb* von Leistung und Erfolg vorgelebt hat), der wird als Erwachsener in oberflächlichen Partnerbeziehungen steckenbleiben und, sofern er nicht sozial auffällig wird, ein stumpfsinnig-unmündiges Dasein fristen.

In unserer Gesellschaft ist volle Selbstverwirklichung nicht möglich – weder privat noch beruflich – weder als Kind noch als Erwachsener. Auch ohne "ideologische" Analyse lassen sich die Einseitigkeiten, Defizite und Prioritäten unseres Systems ausfindig machen, die es so schwierig werden lassen, glücklich zu leben. So etwas wie "Ziele" einer (Nach-)Sozialisation können daher nur aus dem heraus formuliert werden, was man selbst als *"lebenswerte Kompromisse"* empfindet und verwirklicht. Um die Frage, was man selber ist, wohin man will, mit dem Partner, mit den Kindern (eigenen wie angenommenen) wird man nie ganz herumkommen. Y fragte neulich: "Wann *ist* man eigentlich erwachsen?" Wir haben es so zu beantworten versucht: . . .wenn man sich *selber* mit dem versorgen kann, was man braucht, um zufrieden alleine oder mit anderen zu leben; wenn man nicht mehr Eltern oder andere braucht, die einem sagen, was richtig und falsch ist, die einem alles besorgen und bezahlen. Wenn Du also nicht mehr zu Lasten von anderen Leuten zufrieden bist. Dann bist Du eigentlich erwachsen."

Der Anreiz, all das zu lernen, was "Erwachsensein" ausmacht, kann nur aus dem Vorbild der Eltern entstehen. Wer will, daß ein Kind sich selbst verwirklicht, mit seinen Defiziten (die ja nur noch teilweise ausgleichbar sind) leben lernt, daß es liebes-, partner-, leistungsfähig wird, daß es so etwas wie einen Lebenssinn realisiert, muß dies alles auch tun – schon *bevor* das Kind "zur Integration ansteht".

"Glück" in dieser Definition ist also auch Voraussetzung, nicht nur Ziel der familialen Therapie.

Vielleicht gehören diese Thesen zu den angreifbarsten von allen; spätestens – allerspätestens hier wird man sich über die Rangfolge der Werte, die man für sich selbst und für die gemeinsame Zeit mit dem Kind benennt – eine bewußte Rechenschaft ablegen müssen.

Soweit unser Standpunkt. Wenn er auf Widerspruch stößt und neue Meinungen finden hilft – um so besser!

II. Bestandsaufnahme nach 4 Jahren

Wir leben jetzt vier Jahre mit Y zusammen – aber auch Y hat nun vier Jahre seiner vierzehn Lebensjahre mit uns verbracht; schon rein rechnerisch stehen wir nun schon viel "untilgbarer" in seiner Biographie da, als das zu der Zeit der Fall war, als wir das Tagebuch unseres ersten Jahres Erziehungstätigkeit aufschrieben. Kein Wort von damals ist uns fremd, kommt uns komisch vor, würden wir gern überarbeiten – und dennoch ist unsere Position und Situation heute eine ganz andere. Das dokumentierte erste Jahr ist eine Phase, die sich aus der Rückschau exakt beschreiben und einordnen läßt, die von anderen, ebenso abgrenzbaren Phasen abgelöst wurde, die zwangsläufig in die Phase einmündet, in der wir uns jetzt befinden und deren Ausgang zwar genausowenig vorherzusagen ist, aber von ganz anderen Gefühlen begleitet wird, als dies nach dem ersten stürmischen Jahr vorstellbar gewesen wäre.

Der einzige rote Faden, der sich durch alle Phasen zieht, ist die *geglückte*, weil *erarbeitete Beziehung* zum Kind. Zuerst bedeutete es uns starke Gefühle (die ja dokumentiert sind) – und über dies Vehikel gelang es dem Kind, allmählich und mit viel Stolpern *Gefühle* zu uns und anderen zu entwickeln; Gefühle, die in ihrer Ausrichtung und Intensität neu gelernt wurden und ein befriedigenderes Leben für den inzwischen Jugendlichen ermöglichen als je zuvor und je anders. Dazu gehört auch das Selbst-bewußt-Werden, das Übersich-sprechen-Können, das Ja-Sagen zur eigenen Geschichte und Begrenzung – Aufgaben und Anforderungen, die wir ja selber noch oft mehr schlecht als recht erfüllen und die unser Unvermögen gar nicht mehr so anders als das Unvermögen des Jugendlichen erscheinen lassen und die schließlich ein wichtiger Ausgangsort für echt empfundene Partnerschaft im "Erziehungs"-Verhalten geworden sind.

Natürlich lassen sich auch jetzt noch Y's Verhalten, seine Situation in der Familie, seine Entwicklung und sein Lernvermögen beschreiben, natürlich muß nach wir vor gelenkt, gefördert, kontrolliert werden; "Erziehung" findet nach wie vor statt. Wir greifen zwei Aspekte heraus, um dies zu zeigen:

1. "Status quo – Y heute" (vgl. S. 110).
2. "Anfangskampf – Müdigkeit – Perspektiven" die "typischen" Phasen, die Ersatzfamilien durchlaufen (vgl. S. 114).

Beide Ausführungen mögen deutlich machen, daß unsere Arbeit nicht weniger geworden ist, daß sie im Gegenteil immer wieder reflektiert werden muß, daß der Zeitpunkt einer abschließenden Bilanzierung oder selbstgefälligen

Erfolgsmeldung noch nicht da ist – wenn er überhaupt einmal kommt. Erziehung ist immer "vorläufig" und lebt von Zufriedenheit und Optimismus "auf Raten".

10. "Status quo – Y heute"

10.1 Familiäre Situation

Nachdem Y ein Jahr bei uns war, wurde unsere Tochter S. geboren, zu der er ein inniges und liebevolles Verhältnis aufbauen konnte; im wesentlichen hat sich daran nichts geändert, wenn auch durch eigene Interessen beider Kinder und durch den wachsenden eigenen Willen des kleinen Kindes neue Möglichkeiten – auch der Konfliktlösung – gefunden werden müssen. Die Spannungen, die sich daraus ergeben können, gleichen denen zwischen Eltern und Kleinkind; oft ist Y sogar in der Kreativität und Geduld beim "Kompromisse-Suchen" den Fähigkeiten der Eltern überlegen. Beide Kinder trauern umeinander, wenn eines fort ist oder leidet.
Seit etwa 1½ Jahren wohnt eine Schwester der Pflegemutter mit in der Familie, die gleich alt wie Y ist. Er stimmte der Aufnahme von B. zu, leistete große Hilfe bei ihrer Integration (gab ihr z. B. Orientierungshilfen im Ort, zeigte ihr, wie man Straßenbahn fährt, aber auch, wie man sich am besten an die Normen und Freiräume unserer Familie gewöhnt); er nutzte also die Chance zu kameradschaftlichem solidarischem Verhalten (z. B. führte er sie in die Spielregeln der Schule ein, die beide besuchen, half ihr über die ersten Pausen hinweg usw.). Er begab sich nur an den "gesunden" Stellen des Sozialverhaltens in Konkurrenz zu ihr (z. B. beim Kräftemessen, Kochen, Radfahren) im Bereich von "Gunst der Eltern", "Vorherrschaft als Erstankömmling" oder "Noten" versuchten wir gegenzusteuern und konnten schon in den ersten Wochen Ansätze von Ausbeutung oder Arroganz aufarbeiten und überflüssig machen.
Der intensive Kontakt zum anderen Geschlecht und das Verstärken solidarischer Verhaltensrezepte auf "natürlichem" Wege innerhalb der Familie haben seinen Status in außerfamiliären Beziehungen zu Gleichaltrigen erheblich verbessert und sein Verhalten viel erfolgreicher und unverkrampfter werden lassen.

10.2 Gefühle und Beziehungen

Y ist ruhiger geworden; er fühlt ausgeglichener, spricht weniger hektisch, investiert Zeit, Energie, Empfindungen beim Zuhören, Mitdenken und Mitleiden (früher ging es um Vorteile und Taktik). Er ist weicher, betroffener, kann spontan weinen und herzlich lachen. Affektiertheit ist durch Gefühle ersetzt worden (was nicht zuletzt auch sein Gesicht und seine Körpersprache ganz verändert hat). In Konfliktsituationen kann durchaus noch sein alter Egoismus ("Meine Vorteile sind wichtiger als alles andere!") und Feigheit ("Lieber erst mal lügen und reinlegen – vielleicht komm ich damit durch") zum Vorschein kommen, aber die Bandbreite des anschließenden "Nacherfahrens" seines Fehlverhaltens ist so groß geworden, daß er wirkliche Betroffenheit verspüren kann und diese Betroffenheit in vielen, wenn auch nicht allen weiteren Situationen steuernd wirken kann. Das Verhaltensrezept der aalglatten Bauernschläue ist differenzierteren Konzepten gewichen, für die wir intensive und deutliche Orientierung liefern mußten. Eigentlich war hier das Herzstück von Erziehung zu leisten – das nachträgliche Ausprägen einer Gewissensinstanz, die steuernd eingreift, auch wenn wir als Personen nicht anwesend oder wirksam sind.

Wir haben das Gefühl, daß es gelungen ist, über unsere Beziehung zu Y in signifikanten Situationen (z. B. Verheimlichen von Schulnoten, kleinere Diebereien, Unregelmäßigkeiten beim Taschengeld usw.) für ihn spürbar zu machen, wie bedroht ein liebevolles Zusammenleben in einer Intimgemeinschaft ist, wenn man sich nicht an Spielregeln hält und nur die eigene Lust das Maß aller Dinge ist. Das volle Einbringen der eignen, enttäuschten und hilflosen Person kann dabei durchaus dazu geführt haben, die Ersatzeltern und die von ihnen verteidigten Normen zu akzeptieren, obwohl oder gerade weil es dem dissozialen Kind den Triumph einbrachte, sie ins Wanken gebracht zu haben.

Nicht nur Schlüsselsituationen, sondern auch der normale Alltag mit dem immer wiederholten Lernen, Nachlernen, Ablernen vorfindbaren und als erfolgreich erlebten Verhaltens (der Eltern, Geschwister, Lehrer, Bekannten, anderer Autoritäten aus Medien etc.) haben eine allmähliche und nachhaltige Umorientierung ermöglicht. Die Beziehung zu einem anderen Menschen ist für Y etwas "Attraktives an sich" geworden – freilich erleichtert durch bestimmte Interessen, Vorteile usw., aber der für sein weiteres Leben entscheidende Unterschied ist, daß sich diese Attraktivität nicht mehr in ein Nichts auflöst, sobald im Moment keine Vorteile mehr in Sicht sind.

Die Frustrationstoleranz ist sehr gestiegen, was ihm – wie er allmählich registriert – ganz neue unverhoffte Vorteile einbringt: stabile Beziehungen, gute Freunde, Interessenausgleich, höherer Sozialstatus, Identität.

Abmessen lassen sich solche Entwicklungen an seiner wachsenden Fähigkeit zu kritischer Selbstbetrachtung, zunehmendem Verzicht auf eitles, gekränktes, affektiertes Verhalten, Angeberei, Blufferei, Aggressivität gegenüber Gegenständen und Schwächeren.

10.3 Leistungsbereich

Soziale Auffälligkeiten in der Schule häuften sich jeweils dann, wenn Y im häuslichen Lernbereich in einer Krise war. Durch massive Kontrolle, Förderung und Informationsaustausch mit allen Lehrern entwickelte Y so etwas wie die Vorstellung von der Begrenzung seines schulischen Spielraums; er gab allmählich all jenes Verhalten auf, das mit Regelmäßigkeit und Zuverlässigkeit für ihn zu Unlust führte, weil es "doch rauskam", "zufällig beobachtet wurde", oder zu Folgen führte, deren Vertuschung über seine Möglichkeiten ging (z. B. aggressiv freches Verhalten gegenüber nachgiebigen Lehrkräften, unregelmäßige Hausaufgaben, Stören und Clownerien im Unterricht, Ausspielen der Schule gegenüber dem Elternhaus oder umgekehrt). Er lernte also hier weniger über intensive Beziehungen – die er ja in der Schule noch gar nicht aufbauen oder halten konnte –, sondern über unsere permanente Verweigerung seiner Lust, die Schule als Spielwiese für seine Launen, Aggressionen, Tricks usw. anzusehen. Er lernte durch das *Verbot* seiner destruktiven Verhaltensweisen das konstruktive Verhalten wieder neu (indem er konstruktive Phantasien entwickelte und realisierte) und erlebte erst im *nachhinein* dessen Wert: seine Anerkennung in der Klasse, die ihn früher nur als Clown und Spinner einordnen konnte; die freundschaftliche Zuwendung der Lehrer, die sich gestern noch sorgenvoll über ihn unterhielten; das allmähliche Stolz-sein-Können auf eigene Leistungen, weil die häusliche Kontrolle und Förderung Stück für Stück reduziert werden kann, ohne daß sich wie sonst die Noten verschlechtern.
Heute hat Y den ursprünglichen "Spaß am Lernen" in vielen Fächern wiederentdeckt. Er macht Referate, besorgt sich Informationen, denkt und arbeitet fast ganz selbständig. Ständige Aufmerksamkeit bei all seinen schulischen Belangen, "dickes Lob" und noch nicht ganz eingestellte Stichproben bei den Hausaufgaben und Arbeiten geben ihm wohl das Gefühl, daß man ein Auge auf ihn wirft, es aber im wesentlichen seine Sache ist, was er aus seinem "Beruf Schüler" macht.
Ein zweiter "Job", den er sich selber verschafft hat und schon ein halbes Jahr durchhält, ist das Austragen von Prospekten in einem Stadtteil. Uns zeigt es, daß seine Durchhaltefähigkeit in dem Maß steigt, wie seine Lustorientierung verblaßt. Y wird wohl ohne große Schwierigkeiten die Mittlere Reife schaffen; danach ist noch alles offen.

10.4 Rituale und Streß

Nach wie vor hat Y klare Konditionen, feste Absprachen, gewohnte Rituale sehr notwendig, um sich zu orientieren, sich wohlzufühlen und sich weiterentwickeln zu können. Er hat dieselben alten Pflichten wie vor 4 Jahren im Haushalt – was nichts darüber aussagt, daß sie auch immer erfüllt werden. Etwas mehr als das Nötige zu tun, fällt ihm noch immer nicht leicht (oft weniger aus Egoismus als aus gestörter Regelhaftigkeit), mit Kreativität, Spontaneität und Selbständigkeit beim Gestalten von Abläufen jedweder Art, vor allem im sozialen Bereich tut er sich noch immer sehr schwer. Das führt oft zu Situationen, in denen es naheliegt, ihm ein Etikett anzuheften, ihn festzulegen, seine übergreifenden Entwicklungen in den letzten Jahren an seinem Stillstand in diesen dummen kleinen Alltagsdingen zu messen und damit abzuwerten. Trotzdem nervt der Umstand sehr, daß in manchen Bereichen eben alles beim alten bleibt und vielleicht immer bleiben wird. Hier ist Selbstkontrolle durch Supervision angezeigt, um die *eigene* Kreativität wieder frei zu legen, die dem Kind Entwicklungen genauso zugesteht wie Entwicklungsstillstände und die unterscheiden lernt zwischen Defiziten, die wirklich aufgearbeitet werden müssen und solchen, die altersbedingt, situationsbedingt oder persönlichkeitsbedingt sind (im Sinne von : "jeder hat seine Macke"), und einer normalen zwischenmenschlichen Toleranz bedürfen.
Insgesamt hat sich Y also weit entwickeln können, ohne daß der feste Rahmen, in dem dies möglich war, schon ohne Schaden aufgegeben werden könnte. Daß dieser Rahmen sich aber durchaus schon verändert hat und sich lockert, machen nicht zuletzt die folgenden Stichworte zu den typischen Phasen des Erziehungsverhältnisses deutlich, die bisher durchlaufen wurden.

11. "Anfangskampf – Müdigkeit – Perspektiven" – die "typischen" Phasen, die Ersatzfamilien durchlaufen

Unsere nachfolgend aufgeführten Erfahrungen über den Verlauf und die Gliederung der pädagogischen und therapeutischen Arbeit nach Aufnahme eines verhaltensgestörten Kindes decken sich mit den Ergebnissen intensiver Diskussionen mit anderen Ersatzeltern, die einen ähnlichen Zeitraum überblicken und denen es ebenfalls möglich war, eine echte Beziehung zum Kind aufzubauen, die bis dato noch nicht beendet oder zumindest als pädagogische Interaktion abgeschlossen ist (Volljährigkeit/Auszug).

Anfangskampf	– große Offenheit für *alle* Schwierigkeiten – "Sammeln" und Ertragen von Symptomen – große Belastbarkeit – Elan: "Wir schieben einen schweren Stein" – Zurückstellen eigener Bedürfnisse – relativ professionelle Einstellung in Belastungssituationen – Erfolgsmeldungen	Dauer: ca. 1/2 bis 1 Jahr
Müdigkeit	– Ernüchterung – Erkenntnis der "Realität nicht erreichbarer Ziele" – Symptome sind teilweise "weg" – Entwicklung *stagniert* (zumindest in der Wahrnehmung der Eltern) – Krise in der pädagogischen Ausrichtung – Gefühl des "Auf-der-Stelle-Tretens" ("Wir schieben und schieben, aber der Stein rollt immer wieder zurück"!) – Tabuisieren der eigenen Unsicherheit – Bedürfnisse nach Therapie des Kindes sind erschöpft; eigene Bedürfnisse kommen wieder zum Vorschein (oft: Berufstätigkeit der Frauen/anderweitiges Engagement/Freizeit) – Eigenrettungsversuche – Supervision wird jetzt oft uneffektiv – großer Mangel an Humor und Kreativität; Ängste	Dauer: ca. 1–2 Jahre
"Perspektiven"	– Kinder werden jetzt mehr als "normale Nervensägen" denn als "heilpädagogische Fälle" empfunden; "die Optik" verändert sich – Befriedigung eigener Bedürfnisse – Kindern wird mehr zugemutet, auch an eigener (Eltern-)Persönlichkeit – Eigenverantwortlichkeit wird gestärkt – Verselbständigung des kindlichen Leistungsbereiches – Kinder sind nicht mehr "Nabel der Welt" – wieder mehr Phantasie und Humor – Aufarbeiten der pädagogischen Krise – Zufriedenheit mit erreichten Etappen – Ablösungselemente (Mündigkeit/Partnerschaft/Zukunftsvorstellungen, Bewußtwerden einer "gemeinsamen Geschichte") ("Der Stein rollt langsam, aber sicher, und oft schon ohne unser Schieben")	Dauer: 2 bis ? Jahre

Die vorgestellten Elemente der drei Phasen sind der elterlichen Erfahrungswelt entnommen; sie sind damit authentisch und unverfälscht. Was diese drei Phasen jeweils für die Kinder und Jugendlichen bedeuten und mit welchen Gefühlen, Kapazitäten, Phantasien wir es hier zu tun haben, ist ungleich schwerer zu fassen und zu kategorisieren.

12. Notwendigkeit und Funktion von Beratung und Supervision

Ersatzeltern wie auch Mitarbeiter in Kleinstheimen (als ähnlich intimen Orten von Erziehungspraxis) erkennen in der Anfangszeit (3–6 Monate), daß einerseits eine intensive pädagogisch-emotionale Betreuung notwendig ist, daß aber andererseits sich auch das Gefühl breit macht, vom Kind, seinen Bedürfnissen und Problemen "aufgefressen" zu werden. Beide Personengruppen erleben neben der bestätigenden und mit "Erfolgssignalen" gesegneten Zeit auch einen Verlust an persönlicher Freiheit, das ständige Fixiertsein der eigenen Gedankenwelt auf das Tagesgeschehen und dessen Reflexion. Das "professionelle Verhalten", die Reflexion von Erziehungsgeschehen, setzt sich auch in Bereichen fort, die eigentlich zum Entspannen, zur Ablenkung, zum Auftanken für den nächsten Tag notwendig wären.

So hält sich der tägliche Spannungsbogen vom Aufwachen bis zum Einschlafen; eigene Normen, professionelles "Know-how" und Spaß am pädagogischen Einsatz verstärken dieses Phänomen der Anfangszeit noch zusätzlich. Oft wird erst zu spät, wenn nämlich bereits unterschwellig Bedrohungsgefühle von Erziehungspersonen erlebt werden, sobald nur ein Kind bzw. ein Problem am Horizont auftaucht, vergegenwärtigt, daß die eigene Psyche auch Entlastung und Freude nötig hat, die *nicht* nur bzw. auch nur im Ansatz aus der engen Beziehung zum verhaltensgestörten Kind gespeist werden können. Die nun evtl. einsetzenden Regulierungen (das Kind muß zu einer bestimmten Zeit im Bett sein; bewußte Planung und Durchsetzung eigener Aktivitäten wie Buch-Lesen, Freies Wochende, Wegfahren ohne Kinder) werden oft von dem latenten Schuldgefühl begleitet, daß man sich vom Kind abwendet, ihm notwendige Zuwendung versagt, sich nicht mehr so intensiv der Reflexion der anfallenden Probleme hingibt usw.

Spätestens hier wird deutlich, daß ein solches Beziehungsgeflecht von notwendiger Zuwendung und notwendiger Abwendung von der einzelnen Person, einem Paar oder den 2–3 Mitarbeitern eines Kleinstheimes allein nicht mehr definiert und bearbeitet werden kann. Die Gefahr liegt nahe, daß sich eine ge- und verspannte Erziehungskonstellation ergibt, da der Erwachsene bewußt oder unbewußt den "Egoismus" des ihm anvertrauten Kindes einzugrenzen und zu beschneiden beginnt, um die für seine eigene Psyche notwendige Portion Egoismus zu realisieren.

Hier wird Supervision nötig, um einen Ort zu schaffen, an dem die unterschiedlichen Bedürfnisse entdeckt und benannt und somit bearbeitet werden können.

Eine so definierte Form der Reflexion des Erziehungsgeschehens, der Bearbeitung der persönlichen Bedürfnisse der Beteiligten und deren Normen persönlicher, professioneller und gesellschaftlicher Natur, ist mehr als nur Beratung, wie sie bisher bei vielen Pflegeeltern und Erziehungskräften erfolgte.

Beratung ist bislang in der Regel die Reflexion von Verhaltensweisen des Kindes als eines Objekts privaten und beruflichen Handelns. Das Herumdenken an Entwicklungsstörungen und Auffälligkeiten des Kindes – ohne die entsprechende Wertung und Gewichtung der Beziehungen zu seiner jeweiligen Umwelt – ist immer noch eine weit verbreitete Form der Erziehungsberatung. Das Kind wird in seiner "Andersartigkeit" gewichtet (Abweichung vom "Normalen") und es werden Wege und Möglichkeiten gesucht, die entsprechende Störung durch pädagogisch-therapeutische Interventionen zu beheben; der Erwachsene ist hierbei nur am Rande, nämlich in seiner Rolle als Agierender zur Beseitigung einer Störung – "was mache ich wann und wie mit welchem Erfolg?" – im Prozeß der Reflexion angesiedelt. Beratung ist somit der Ort der Kontrolle über gelungene oder mißlungene pädagogisch-therapeutische Interventionen.

Supervision hingegen versucht, neben der inhaltlichen Problematik (= Fragen zur Interventionsstrategie) auch die konstitutierenden Merkmale einer pädagogischen Situation mit in den Blick zu bekommen:

"Mit welchem emotionalen Hintergrund bin ich dem Kind begegnet?" "Habe ich seine Gefühlssituation wahrgenommen und akzeptiert oder habe ich mein Erleben zur verbindlichen Grundlage im weiteren Gespräch erklärt?"
"Habe ich normativ begrenzend gewirkt, sind die individuellen Anforderungen ans Kind mit sozialen Normen begründet worden oder hat die Intervention einen individuellen Spielraum gelassen, in dem sich ein Einigungsprozeß zwischen Erwachsenem und Kind vollziehen konnte?"
"Ist somit das Kind in seiner Andersartigkeit (Störung) noch *Subjekt* bzw. *Persönlichkeit*, die mit einer pädagogischen Norm konfrontiert wird und reagiert, oder ist diese Reaktion ggf. wieder eine störende Verhaltensweise, die mit dem Griff in die 'Methoden-Kiste' angegangen wird?"

Supervision hat bei Ersatzeltern und ähnlichen Erziehungspersonen die Aufgabe, das vorfindliche Beziehungsgeschehen in seiner Konstellation bewußt zu machen, Definitionen vorzunehmen (z. B. die Verbalisierung von Gefühlen) und Reflexion, Kritik und Veränderung zu ermöglichen. Beispiel: "Echtheit von Gefühlen":

Welche Probleme werden wie angesprochen?
Welche Gefühle – Aggressionen, Ärger, Wut, Ohnmacht, Resignation – werden per Sprache bzw. durch nonverbale Signale, Mimik, Körpersprache mitgeteilt? Der Super-

visor wird ähnlich irritiert sein wie ein zu erziehendes Kind, wenn der Erzieher, hier in der Rolle des Supervisanden, eigene traurige, hilflose Gefühle mit lachendem Gesicht oder mit freudigen Gebärden zum Ausdruck bringt; geschieht so etwas häufiger, so kann diese mißverständliche Darstellungsweise der Schlüssel zu einer Mißerfolgssituation sein, in der eine noch so gut gehandhabte methodische Intervention deswegen nicht "ankam", weil Irritation und längerfristig Verunsicherung bestimmendes Merkmal der Kommunikation sind.

Supervision für Ersatzeltern bzw. Mitarbeiter in Kleinstheimen ist notwendig, weil eine Reflexion in der oben geschilderten Form nicht ohne entsprechend geschulte und nicht am Erziehungsgeschehen Beteiligte möglich ist. Wird Supervision von der Institution (Jugendamt/Heimaufsicht etc.) gefordert, so muß den Betroffenen das *Recht auf freie Supervisor-Wahl* eingeräumt werden und nicht unter dem Motto verfahren werden: "Wir haben da eine Erziehungsberatungsstelle in unserer Institution, die ist von uns zur Supervision verpflichtet worden, wenden Sie sich bitte dorthin." In einer solchen institutionellen Praxis wird eine Struktur deutlich, die von vorneherein eigene Entscheidungen der Betroffenen (Ersatzeltern/Erzieher) ausschließt bzw. notwendige Konditionen beim Entstehen einer Beziehung (Supervisor – Supervisand) unberücksichtigt läßt und durch institutionelle Spielregeln entwertet. Einerseits stehen die Betroffenen unter dem Zwang, diesen Supervisor/Berater nehmen zu müssen, wodurch von vorneherein Widerstand zu den Eingangsvoraussetzungen der zu knüpfenden Beziehung gehört; lehnen sie ihn ab, werden wiederum "schlechtes Gewissen" und Rechtfertigungsversuche die Beziehung zur Institution beeinflussen, mit der sie ja eigentlich "vertrauensvoll zusammenarbeiten" sollen bzw. wollen. Andererseits wird auch das emotionale Annehmen des Problemkindes mit all seinen Defiziten durch die Ersatzeltern erschwert, wenn auch sie in einem wichtigen Bereich ihrer emotionalen Bedürfnisse nicht angenommen werden.
Das Erziehungsgeschehen in Ersatzfamilien und Kleinstheimen ist ein sich intim und individuell gestaltender Mikrokosmos von Beziehungen. Entsprechend individuell müssen auch die Regelungen und Absprachen sein, die zwischen Ersatzeltern/Erziehern und der jeweiligen Institution getroffen werden. Generalisierende Strukturen (Grundsatzregelungen, die in individuelle Prozesse störend eingreifen und Verwaltungshandeln auch bei sozialen Institutionen kennzeichnen) sind hier ganz und gar fehl am Platz.
Eine Institution soll und muß Supervisoren finden, sie sollte sich auch als Hilfsinstanz bei der Suche nach einem geeigneten Supervisor anbieten, die individuelle Gestaltung der Supervision (Inhalte, Methoden, Zeit) muß aber den Beteiligten selbst überlassen bleiben (Supervisor – Supervisanden). Es versteht sich nun von selbst, daß der Supervisor keiner Rechenschafts- bzw. Informationspflicht gegenüber der Institution unterliegt, die ihn bezahlt;

denn auch hier würde sonst das notwendige Vertrauen im Erziehungsgeschehen (Kind – Ersatzeltern/Ersatzeltern – Supervisor) verlorengehen.
Besonders in Belastungsphasen gewinnt die Vertrauensbasis an Bedeutung. Ist sie in der Supervision zwischen Supervisor und Erzieher geschaffen worden, so können auch brisante Erziehungssituationen und schwieriges Erziehungsverhalten (z. B. erneutes Einnässen, Schlagen des Kindes) vom Supervisanden zur Sprache gebracht werden, ohne daß Phantasien von Mißtrauen, Bestrafung (Weitergabe von Informationen an Institution) o. ä. dominieren und Kaschierungsbestrebungen bzw. taktisches Verhalten ("was muß ich sagen, was darf ich nicht erzählen? Was muß ich verschlüsselt oder verändert darstellen?") einsetzen.
Vertrauen stellt somit eine notwendige Grundlage für effektive Beratung – und somit auch für effektive Erziehung – dar, da Fehlverhalten nur so "auf den Tisch" kommt und bearbeitet werden kann. Die dabei erfahrene Entlastung von Schuldgefühlen, Hilflosigkeit, Streß, chronischen Enttäuschungen, irrationalen Ängsten usw. kommt massiv den anvertrauten Kindern zugute, da ihre Ersatzeltern ein legitimes und hilfreiches Ventil für die vielfältigen negativen Erfahrungen wie auch einen Ort der Verständigung über – u. U. zu wenig gewichtige – positive Erfahrungen außerhalb der eigenen 4 Wände ihrer Alltagspädagogik gefunden haben. Zermürbende Selbstkritik und Resignation werden entschärft und die dabei "eingesparte" Energie steht einer aktiven und kreativen Erziehungspraxis zur Verfügung.
Im Prinzip sind diese Funktionen von Beratung sowohl in der *Einzel- wie in der Gruppensupervision* zu realisieren. Es gibt verschiedene Kriterien, Ersatzeltern die jeweils eine oder andere Form der Beratung zu empfehlen; hier einige davon:
Zu Beginn des Erziehungsverhältnisses steht das Kind mit seiner Skala an Symptomen so auffällig und anstrengend im Blickfeld der Reflexion, daß es legitim erscheint, *einen* Supervisor vollständig für diesen einen "Fall" zu beanspruchen. Die Ersatzeltern verspüren ein starkes Bedürfnis nach Aussprache und Entlastung vom eigenen Leidensdruck. Dies kann die Bereitschaft zum Zuhören, Einfühlen, Verstehen der – obgleich ähnlichen – Erziehungssituationen einer anderen oder mehrerer anderer Familien so stark zurückdrängen, daß eine Gruppensupervision über weite Strecken fruchtlos, uneffektiv und für weniger dominante, wortstarke, selbstsichere Ersatzeltern gerade in der Anfangsphase unnötig frustrierend sein kann, in der alle ihre neue Identität erst finden müssen. Die Energie, solche Schwierigkeiten in der Gruppe aufzuarbeiten, ist (noch) nicht vorhanden. Das Angenommensein durch eine kompetente Person stellt deshalb ein Stück Sicherheit und Stärkung dar, vielleicht auch eine narzißtische Befriedigung, die angesichts der empfindlichen Störung, die das innerfamiliäre Gleichgewicht durch das ver-

haltensgestörte Kind erfahren hat, mehr als verständlich ist. Dabei wird folgendes *Spiegelphänomen* deutlich: Der Egoismus des Kindes ("hier stehe ich mit meinen Bedürfnissen, meinen Problemen, ich will Dich ganz für mich") kehrt wieder im Egoismus der Erzieher ("ich will angehört, angenommen, verstanden und angeleitet werden"); von Solidarisierungsbestrebungen ist noch wenig zu spüren. Dennoch wäre es für Ersatzeltern, die durchweg geübt sind in Reflexion und Metakommunikation und auch Erfahrung in der Aufarbeitung von Problemen in Gruppen mitbringen, durchaus sinnvoll, die Anfangsprobleme aktiv und solidarisch in der Gruppe zu durchleuchten.
Neben den Kriterien, die *in den spezifischen Bedürfnissen und Fähigkeiten der Ersatzeltern-Persönlichkeit* begründet sind, gibt es solche, die die jeweilige Station oder Phase der Erziehungsarbeit zum Maßstab der Bevorzugung von Gruppen- oder Einzelsupervision machen. Pauschal formuliert, *wächst* die Bereitschaft und Fähigkeit zur Supervision in Gruppen bei allen Eltern in dem Maße, in dem sie eine grundlegende Selbstsicherheit im Erziehungsgeschehen gewonnen haben, aber auch erkennen, in welch relativ engen Spielräumen sie agieren und sich der Schwerpunkt der Reflexion im Rahmen ihrer pädagogischen Krise bzw. ihrer "Erziehungsmüdigkeit" langsam von der Therapie des Kindes zur "Therapie des frustrierten Pädagogen" verlagert. Damit ist gemeint, daß Einzelberatung in dieser Krise eines sich schon "mündig" fühlenden erfahrenen Pädagogen weit weniger Hilfe bringt als die dankbar und erleichtert gewonnene Erfahrung, daß es den anderen auch nicht anders geht. Der Austausch mit vielen anderen Ersatzeltern bestätigt unsere eigene Erfahrung, daß Einzelberatung in dieser Phase durchweg abgebrochen wurde, weil sie unbefriedigend verlief, während der Austausch mit gleichgestellten Ersatzeltern einen lebhaften Aufschwung erfuhr.
Auch die dritte Phase der "Perspektiven" (vgl. S. 114), in der es um eine vernünftige Dosierung von Erwartungen, Interventionen und Abhängigkeiten geht, ist sicher in einer Elterngruppe sehr qualifiziert und hilfreich zu begleiten. (Warnen wollen wir nur vor Gruppen, die gemischt sind aus "Anfängern" und "Langjährigen"; nur eine sehr qualifizierte Supervision kann verhindern, was wir oft erlebten: Rezepte-Verteilen der Erfahrenen, dankbares, weil unter massivem Leidensdruck stehendes und unreflektiertes Kopieren der anderen.)
Es kann u. E. nicht oft genug auf den *individuellen Charakter jeder Problematik* hingewiesen werden, *die sich bei der Integration eines verhaltensgestörten Kindes in eine Ersatzfamilie ergibt;* im übrigen führen objektive Bedingungen (regionale Verteilung von Ersatzfamilien, lange Anfahrten zu Gruppentreffen etc) bislang zusätzlich zu einer Bevorzugung von Einzelsupervisionen.

13.1 Die Motive zur Aufnahme eines Kindes

Bei den Vorgesprächen zwischen Sozialarbeiter und künftigen Ersatzeltern hat die Klärung der Motivation zur Aufnahme eines Kindes eine zentrale Bedeutung. In der Regel sind Pflegekinder nicht "blond, blauäugig und niedlich"; sie sind schon eine eigene kleine Persönlichkeit mit vielen Vorerfahrungen, – überwiegend negativer Art –, und haben sich dementsprechend ein Verhalten zugelegt, das nicht in das Klischee eines lieben Kindes paßt, das dafür dankbar ist, aus dem Heim oder von leiblichen Eltern wegzukommen und in eine neue Familie aufgenommen zu werden. Zuwendung, Wärme und Körperkontakt müssen aber auch noch dann – und gerade dann – vorhanden sein, wenn der Erwachsene enttäuscht wurde, d. h. seine Erwartungen vom Kind nicht erfüllt wurden.
Gerade anfangs haben wir und andere Gasteltern oft erlebt, daß es das Kind "darauf anlegte, auszuprobieren, ob man nicht doch so einer sei", d. h. so einer von den vielen Erwachsenen aus seiner Vorgeschichte (Eltern, Sozialarbeiter, Erzieher), die sich ihm immer nur *verbal* zugewandt haben und oft große Erwartungen im Kind hervorriefen, deren Erfüllung sie dann schuldig blieben. Auch verzeichnet der Erzieher es oft als bedrohlich und enttäuschend, wenn das Kind ihn bei einem Konflikt in eine für es selbst hinlänglich bekannte Rolle drängt (die der versagenden Eltern, des schlagenden Vaters, des zu überlistenden Heimerziehers etc.), um die alten Lösungsmuster für eine solche Konfliktsituation anzuwenden.
Eine weitere vorher zu bedenkende Belastung sind Tendenzen des Kindes, zwischen dem Konfliktlösungsverhalten der bisherigen und der neuen Bezugspersonen Vergleiche zu ziehen. Wer sich auf diesen Vergleichskampf mit (idealisierten) früheren Erziehern einläßt, wird immer mit hängender Zunge "den kürzeren ziehen".
Die hier kurz skizzierten Interaktionsrituale sollen schon in Gesprächen vor Aufnahme des Kindes eines deutlich machen: Das Pflegekind braucht den Erwachsenen, um an ihm exemplarisch alte negative Erfahrungen zu be- und verarbeiten und neue zwischenmenschliche Erlebnisse anderer "kostbarerer" Qualität vermittelt zu bekommen. Ersatzeltern müssen also *eigene* Bedürfnisse, Erwartungen und Rollenzuweisungen an das neue Familienmitglied vorsichtig einfühlend äußern und sie oft in Frage stellen, relativieren oder gänzlich aufgeben und neu formulieren. Ob sie dazu in der Lage sind, läßt sich sicher bereits am Grad ihrer Behutsamkeit messen, mit der sie Erwartungen dieser Art in Gesprächen über ihre eigene Motivation äußern. Neben aller hierzu erforderlichen Distanz muß aber gleichzeitig die emotionale

Nähe spürbar sein, die dem Kind gerade nach Konflikten, die alle arg mitgenommen haben, zur Verfügung stehen muß. Zuwendung muß erhältlich sein (Streicheln, Kuscheln, Gute-Nacht-Kuß), damit sich am Ende einer Auseinandersetzung nicht das alte Gefühl breit macht "nur auf mich selber ist letztlich Verlaß".

Wenn sich zukünftige Ersatzeltern in Vorgesprächen auf Phantasien solcher Konflikte und ihres Verhaltens, ihrer Reaktionen, einlassen können, dürfte der erste Schritt zu einer realistischen Motivationsabklärung getan sein. Ein anderer wesentlicher Baustein ist die Notwendigkeit, daß Ersatzeltern sich in ihrem sozialen Umfeld sehen (z. B. Nachbarn, Freunde, Kollegen). Welche möglichen Reaktionen sehen sie bei einer Aufnahme des verhaltensgestörten Kindes voraus? Wurde dies überhaupt schon problematisiert? Solche möglichen Konflikte und Lösungen müssen in Vorbereitungsgesprächen durchgespielt werden, damit nicht das Kind als Verursacher einer möglicherweise ablehnenden Reaktion dafür – bewußt oder unbewußt – verantwortlich gemacht wird. Leben Eltern in allzu festen Rollen, starren sozialen Bindungen und verfügen nur über geringe Verhaltensflexibilität, so ist zu befürchten, daß der Erziehungsprozeß eines Pflegekindes eher auf soziale Einpassung hinausläuft und die Persönlichkeit des Kindes in ihrer Komplexität und teilweisen Fehlentwicklung zu wenig angenommen und gefördert wird.

Viele Ersatzeltern, auch uns, hat anfangs die Dynamik des Familienlebens nach Aufnahme des Kindes irritiert. Ständig wurde der Erwachsene gefordert, mußte agieren, reagieren oder einfach *nur* da sein und im Bedarfsfall als "Gefühls-Tankstelle" zur Verfügung stehen. Hieraus wird deutlich, daß Ersatzeltern in den ersten 6 bis 12 Monaten in extremem Maße eine Doppelfunktion zu erfüllen haben: Einerseits sind sie Eltern, die Zuwendung, Nähe, Geborgenheit und Wertschätzung zu vermitteln haben, andererseits sind sie Erzieher und Therapeuten, die mit der notwendigen Distanz Verhaltensauffälligkeiten wahrnehmen, diagnostizieren und Interventionsstrategien zu entwickeln haben.

Wir tendieren dazu, von Gast-, Pflege-, Ersatzeltern zu erwarten, daß sie im Prinzip schon *vor* der Aufnahme eines Kindes in der Lage sind, solche Vorgänge zumindest theoretisch einander zuzuordnen, zu verstehen und sich darin im professionellen wie im privaten Selbstverständnis vorstellen zu können.

Rein *ideologisch* Motivierten sind diese Reflexionen nicht zugänglich. Sie können in ihrem schematisierten Weltbild und Rollenverständnis einen individuellen differenzierten Erziehungsprozeß von ungewissem Ausgang weder in der theoretischen Vorstellung "aushalten" noch praktisch gestalten. Ihnen fehlt der lange Atem, der Rückschläge überdauert. Da sie sich selbst in der Rolle des versagenden Erziehers nicht ertragen können, ertragen sie auch nur längstens ein halbes bis ein Jahr die Anwesenheit des ihr Versagen "verschuldenden" Kindes – der Bedrohungsfaktor muß eliminiert werden, zumal eine emotional dichte Beziehung nicht geknüpft werden kann. Vorsicht also bei allzu glatt begründeten und "sauber vorgetragenen" Motivationen; gleich ob aus mütterlicher Helferlust, aus Rebellion gegen die bürgerliche Normalfamilie oder aus Kampfgeist zugunsten unterdrückter Minderheiten (wie Heimkinder)! Es verlangt oft viel Intuition und Erfahrung von seiten der Sozialarbeiter, in der Vorabklärung mit zukünftigen Ersatzeltern solche und andere Faktoren des Scheiterns zu erkennen und zu benennen, damit eine Fehlvermittlung verhindert wird. Andere sehr konkrete aber untaugliche Motive sind bereits im Kapitel "Motivatie der Gasteltern" (vgl. S. 72 ff) zusammengestellt.

Ein weiteres Problem in der Vorabklärung ist die Einstellung schon vorhandener Kinder in der Familie zu diesem Vorhaben. Psychische Stabilität und eine relative Belastbarkeit sind hier natürlich ebenfalls Voraussetzung für die Gestaltung der Beziehung zum neuen "Geschwister". Latente Verhaltensstörungen der eigenen Kinder geben nicht nur Aufschluß über das Familienklima und die Erziehungskompetenz der Eltern, sondern bergen auch die Gefahr der weiteren Verfestigung angesichts des notwendigen Auslebens der Verhaltensstörungen des neuen Kindes.

Auch "normale" flexible Kinder werden Enttäuschungen, Irritationen, Aggressionen verarbeiten müssen, neue Rollen und Rituale in Teilbereichen zu erlernen haben und die Zuwendung ihrer Eltern in neuer Qualität und Quantität erfahren. Diese Belastung muß verantwortlich mitbedacht und nicht euphorisch unterschlagen werden; andernfalls ist auch eine wenig differenzierte Reflexion *künftiger* Probleme zu erwarten.

Wenn Kinder von Anfang an in die vorbereitenden Überlegungen und Gespräche – auch mit der Institution – einbezogen werden, sind ihnen die Zusammenhänge wohl am ehesten deutlich zu machen und ihre Furcht vor Unbekanntem und dem Verlust elterlicher Zuwendung und familiärer Sicherheit kann relativiert werden. Im übrigen erhält der beobachtende und auswählende Sozialarbeiter dabei authentische Einblicke in Gefühlsbeziehungen, Familienklima, Normen, Konfliktbearbeitung etc. dieser einen Familie, wie sie nicht nur zur Abklärung der Eignung, sondern auch zur weiteren Begleitung der Ersatzfamilie notwendig sind.

13.2 Interaktion von Ersatzfamilie und Kind

Das verhaltensgestörte Kind bringt in jedem Fall das vorgefundene Gleichgewicht familiärer Interaktionen, Rollen, Beziehungen und Konventionen ins

Wanken. In diesem Vorgang wird die Möglichkeit zur Integration, zur Neufindung, zur Umorientierung geradezu erst *erschlossen.* Ob dieser Vorgang gelingt, hängt im wesentlichen von der Stabilität und Flexibilität der daran beteiligten Komponenten ab:

- Einzelpersönlichkeiten der Ersatzfamilie
- Ehe der Ersatzeltern — leibliche(s) Kind(er)
- Beziehung Ersatzeltern — leibliche(s) Kind(er)
- Beziehung Ersatzfamilie — soziales Umfeld (Nachbarn/Verwandtschaft/Freunde/Kollegen/Lehrer)
- Materielle Basis (finanzielle und berufliche Situation/Wohnsituation etc.)

Die Begleitung und Hilfestellung der Berater und Supervisoren und die — nicht-kontrollierende — Beobachtung durch die Institution beziehen sich über Jahre hinweg auf diesen einen Prozeß der gegenseitigen Anpassung von Ersatzfamilie und Kind. Es ist also wichtig, Kriterien an der Hand zu haben, diesen *Interaktionsprozeß möglichst real einzuschätzen.* Neben Hausbesuchen und gemeinsamen Veranstaltungen wie Freizeiten und Tagungen stehen meist "nur" die verbalen Äußerungen der Ersatzeltern für die Beurteilung dieser Abläufe zur Verfügung. Ein regelmäßiger, wenn auch kurzer Besuch in der Familie läßt Einschätzungen vor allem im emotionalen Bereich zu. Wohn-, Gesprächsatmosphäre, emotionale spontane Regungen wie "Wohlfühlen", "Kälte", "Spannung", "Verkrampfung" geben Hinweise, die u. U. unmittelbarer und realer sind als verbalisierte Tatbestände, die der Selbst- und Fremdtäuschung mehr Raum lassen.
Aber auch Gespräche im "neutralen" Rahmen (etwa der Supervision) ermöglichen ein Einschätzen der tatsächlichen familiären Interaktionen, wenn *an folgenden Kriterien gemessen* wird:

- Passen verbale Äußerungen und emotionale Signale (Mimik, Gestik, Körpersprache) zusammen?
- Wie offen werden häusliche Konflikte überhaupt beschrieben?
- Was wird über Rollenzuweisungen, Rituale und "selbstverständliche" Normen in der Familie gesagt?
- Begleiten sich die Partner gegenseitig in ihren Überlegungen, regen sie sich an, kritisieren sie sich konstruktiv oder auf gegenseitige Kosten?
- Kommen offensichtlich unausgetragene Konflikte durch die Aktualisierung, die das Kind bewirkt, wieder "hoch"? (Wie) werden sie jetzt ausgetragen?
- Hat ein Ehepartner eindeutige Dominanz, unter die der andere sich unkritisch bejahend duckt, oder die der andere permanent zweifelnd-kritisch zu relativieren versucht?
- Wer bestimmt das Klima (auch im Gespräch); wer ist "der Erzieher"?
- Werden mütterliche (bergende) und väterliche (fordernde) Anteile der Erziehung traditionell oder je nach Situation und persönlicher Neigung zwischen den Ersatzeltern aufgeteilt?

Und — vielleicht — das wichtigste Kriterium überhaupt:
Sind alle diese Fragestellungen den Erziehenden überhaupt zugänglich? Lassen sie sich

AUF REFLEXION UND SELBSTKRITIK ÜBERHAUPT AUSREICHEND ein? (. . .was ja ein gewichtigeres Indiz gegenseitiger Anpassung wäre als vordergründige Erfolgsmeldungen am laufenden Band!)

Kann der Berater/Begleiter einer Ersatzfamilie anhand solcher Kriterien die Stabilität und Flexibilität, die in deren Interaktionen mit dem Kind zum Tragen kommt, real einschätzen, so wird es ihm sicher leichter fallen, an bestimmten kritischen Punkten oder in Krisenzeiten "einzuhaken" und zu effektiverem Verhalten hinzuführen, aber auch beizeiten zu erkennen, wann eine Beziehung mit Rücksicht auf das Kind abgebrochen werden muß.

13.3 Der Abbruch von Beziehungen: Fehlvermittlung

Auch bei der verantwortungsvollen Abklärung der Motivation und einer kompetenten Beratung wird es Ersatzfamilien geben, deren Maß an Beziehungs- und Erziehungsfähigkeit *nicht* den Grad oder die Art der Verhaltensstörung des aufgenommenen Kindes auffangen kann. Ehe die Interaktionen zur Qual für alle Beteiligten werden und zu traumatischen Erlebnissen sowohl für eine zunächst ja aufgeschlossene Familie wie auch für ein ohnehin genug depriviertes Kind führen, muß das Kind aus der Familie genommen und nach besseren Alternativen gesucht werden.

Solch ein Schritt tut allen weh, den Eltern, dem Kind, den für die Vermittlung verantwortlichen Sozialarbeitern. Er ist hart und irrevisibel, und jedem ist klar, daß diese erneute negative Erfahrung für das Kind ein herber Rückschlag ist. Deswegen muß die Indikation für den Abbruch der Beziehung sehr sorgfältig untersucht werden, alle Möglichkeiten der Beratung müssen erschöpft sein und *Maßnahmen zur Psychohygiene bei Eltern, Kind und Sozialarbeitern* ergriffen werden.

Der Schutz des Kindes verlangt die Beobachtung folgender Alarmsignale über einen kürzeren oder längeren Zeitraum:

- stereotype Klagelieder der Ersatzeltern über die "schlechten" Eigenschaften des Kindes – oft gekoppelt mit:
- wenig bis keine Bereitschaft/Fähigkeit, die Anteile des *eigenen* Verhaltens bei der Gestaltung einer unliebsamen Situation (eines unliebsamen Verhaltens des Kindes) überhaupt nur zu *sehen;*
- ausschließliches Interesse an der Steigerung der *kognitiven* Fähigkeiten des Kindes;
- professionell-technischer, gefühlskalter Umgang mit dem Objekt "Kind" – oft gekoppelt mit:
- kein Körperkontakt zum Kind (Vorschieben rationaler Gründe);
- "Mauern" mit Abwehr gegenüber jeglicher Kritik an "wunden Punkten";

– Etikettieren und "Mitschleifen" des Kindes ohne eigenen Leidensdruck und wenigstens versuchte Neuauflage einer pädagogischen Initiative;
– das Kind dient zunehmend zur Kompensation (schwächstes Glied der Familie), zur Projektion eigener Ängste usw.; es wird als Eigenpersönlichkeit nicht ernst genommen; fehlende Empathie;
– Bestimmte Bereiche des Zusammenlebens werden ständig tabuisiert (Sexualität, Aggressionen etc.).

Alle diese Umstände zeigen die Gefahr an, daß das Kind seelisch verkümmert, Teile seiner Persönlichkeit nicht wahrnehmen kann, andere wiederum überbetont werden, und seine mitgebrachten Verhaltensstörungen verfestigt statt verändert werden. Die Konsequenz: "Lieber ein Ende mit Schrecken als ein Schrecken ohne Ende."

Welchen Beitrag die Beratung aller Betroffenen zur Psychohygiene, zur Relativierung des Leidens, zur "Trauerarbeit", zur Verbesserung der weiteren Vermittlungspraxis leisten kann, liegt auf der Hand: Die *Ersatzeltern müssen – wenigstens im nachhinein – Zugang zu ihren eigenen Anteilen am Entstehen der leidvollen Situation erhalten, um sich ohne Versagens- und Schuldgefühle von der Erfahrung lösen zu können. Oft hilft ein momentanes Gefühl der Befreiung vom Alpdruck der Beziehung zum Kind dabei, sich der Eigenkritik zu stellen. Vom Maß der einsetzenden Reflexion des Vergangenen, der Trauer um das Kind, der Verhaltensänderung* muß *abhängig gemacht werden, ob die Ersatzeltern gfl. ein anderes – weniger oder in anderen Bereichen gestörtes – Kind aufnehmen können oder nicht.*

Das Kind *selber muß in eine besonders sorgfältig ausgesuchte Umgebung kommen, evtl. in eine neue Familie, die diese dem Narzißmus des Kindes sehr abträgliche und u. U. zu Resignation und Desinteresse verleitende Erfahrung verkraften hilft. Älteren Kindern kann Beratung insofern nützen, als das Erlebte durchschaubar gemacht wird und Gefühle von Schuld und Wertlosigkeit durch die Abklärung des Fehlverhaltens der Ersatzeltern gemildert werden.*

Der Sozialarbeiter *muß in der Supervision auf die Kriterien stoßen, die er ganz oder zu lange übersehen hatte, und die ihm hätten anzeigen können, daß die Beziehung zum Scheitern verurteilt war. Wenn Notsignale nicht so offensichtlich wie oben beschrieben zutage traten, so kann er lernen, sich einzugestehen, daß bei aller fachlichen Kompetenz und aktiven Begleitung eine Fehlvermittlung nie ganz ausgeschlossen werden kann. Vor allem ist das Kriterium des "Zueinander-Passens" von* spezifischen Stärken der Ersatzeltern und spezifischen Defiziten des Kindes *zuwenig durchleuchtet, um eine Effektivitätssteigerung in der Vermittlungspraxis zu bewirken.*

13.4 Supervision auch noch nach Jahren "erfolgreicher" Erziehungsarbeit?

Auch bei den älteren Ersatzfamilien, die sich nach vier bis fünf Jahren schon "jenseits heißer Zeiten" glauben, sind Verfestigungen und Fehlentwicklungen möglich, die nach Reflexion und Verhaltensmodifizierung im Rahmen der Supervision verlangen.

Ansätze zum Mündigwerden, "Abnabeln", "Normalsein" des inzwischen Jugendlichen sind besonders schwer zu erkennen oder gar zu honorieren, wenn man sich – mühsam genug – jahrelang auf ihn als "pädagogische Zielscheibe" eingeschossen hat; zumal diese Prozesse naturgemäß oft nur durch geringe Wandlungen, Andeutungen, Versuche, leicht zu übersehende Veränderungen in Verhalten, Körpersprache, Äußerungen usw. sichtbar werden. Neue "hausgemachte" Erziehungsfehler schleichen sich ein; an viele kleine und kleinste "Macken" hat man sich so gewöhnt, daß man sie auch noch dort zu erkennen glaubt, wo sie gar nicht (mehr) sind, wo die Motive ganz normal und nicht pathologischer Natur sind.

Ein "betriebsblind" gewordener Pädagoge braucht dringend neue Anstöße, Ideen und Kreativität, um seinem durchaus integrierten und gut entwickelten Kind *neue Spielräume*, Verhaltensweisen und Rollen zuzugestehen oder aktiv zu eröffnen.

Mittlerweile gewonnene pädagogische Kompetenz, Sicherheit in der Diagnose von Fehlverhalten, Übung in therapeutischer Methode, Dichte und Vertrautheit in der Beziehung zum Kind schützen nicht vor aktuellem oder "chronischem" Fehlverhalten. Supervision befaßt sich jetzt weniger mit der Unfähigkeit dieser Jugendlichen zu sozialem Verhalten, sondern mit der Unfähigkeit der erziehenden Erwachsenen zu ehrlicher Partnerschaft, zum *Abgeben* von Verantwortung, Kompetenz und Dominanz. Verhaltensstörungen rücken in dem Maße in den Hintergrund, in dem das *Problem des Zusammenlebens in der Ersatzfamilie zum Problem des Zusammenlebens mit Jugendlichen schlechthin wird* – ob nun gestört oder nicht. Für ein sinn- und lustvolles Zusammenleben mit Pubertierenden und angehenden Erwachsenen gibt es noch weniger verbindliche gesellschaftliche Vorstellungen als etwa für die "moderne Ehe" oder "angstfreie Kleinkindererziehung". Im Gegenteil, kaum eine Familie bietet ein geglücktes "Abnabeln" ihrer Heranwachsenden zur Orientierung an. Viele Bereiche sind zu stark tabuisiert (Sexualität von Jugendlichen), zu wenig durchdacht (Ablösung und Orientierung an außerfamiliären Normen) und zu problematisch (Ausbildungs- und Berufschancen), als daß sie von einer einzelnen Familiengruppe aufgearbeitet und in neue Normen für ein befriedigendes Zusammenleben einmünden könnten.

Wenn Supervision hier – in der Folge ihrer zuvor bearbeiteten Problembereiche – zum Ort neuer wertvoller Einsichten wird, kann sie über ihre

Aufgabe, Ersatzfamilien den Umgang mit verhaltensgestörten Kindern zu erleichtern, hinauswachsen zu einer Orientierungshilfe gerade auch für "Normalfamilien".